Institut für
betriebswirtschaftliches
Management im Fach-
bereich
Chemie und Pharmazie

AF166827

Allgemeine Betriebswirtschaftslehre

-

Eine fallstudienorientierte Einführung für

Studierende der Chemie und Pharmazie

Dr. Uwe Kehrel
Institut für betriebswirtschaftliches Management
im Fachbereich Chemie und Pharmazie

Herstellung und Verlag:
BoD - Books on Demand, Norderstedt
ISBN 978-3-7357-5865-1

Dr. Uwe Kehrel
Institut für betriebswirtschaftliches Management
im Fachbereich Chemie und Pharmazie

Vorwort

Das vorliegende Lehrbuch „Allgemeine Betriebswirtschaftslehre – Eine fallstudienori-entiere Einführung für Chemiker" entstand parallel zu der an der Westfälischen Wil-helms-Universität Münster gehaltenen Vorlesung „Einführung in die Betriebswirt-schaftslehre" im sechsten Semester des Bachelorstudienganges Chemie. Die betriebs-wirtschaftliche Ausbildung in den Naturwissenschaften weist spezifische Charakteris-tika auf, die den Lehr- und Lernerfolg maßgeblich determinieren. Während Naturwis-senschaften objektbezogen versuchen, die Zusammenhänge, den Aufbau und das Ent-stehen und Vergehen der unbelebten und belebten Natur zu erklären, fokussieren die Sozialwissenschaften, denen auch die Betriebswirtschaftslehre zuzuordnen ist, auf die Prozesse menschlichen Zusammenlebens. Aus diesen unterschiedlichen Zielsetzungen resultieren eine Reihe bedeutender Konsequenzen für die betriebswirtschaftliche Lehre in den Naturwissenschaften, die die Studierenden beim erstmaligen Kontakt mit der fachfremden Disziplin in besonderer Weise herausfordern.

Studierende der Naturwissenschaften sind darauf vorbereitet, exakte mathematische bzw. formallogische Aussagen zu treffen sowie reproduzierbare Versuche mit quanti-fizierbaren Messungen durchzuführen. Die so gewohnte Exaktheit in den wissen-schaftlichen Zusammenhängen und Ergebnissen wird in der Betriebswirtschaftslehre mit idealtypischen Modellen konfrontiert, die aufgrund ihres Abstraktionsgrades und verwendeter Prämissen oftmals als diffus und ungenau empfunden werden. Dass der Einsatz abstrakter und vereinfachender Modelle unumgänglich ist, da das betriebswirt-schaftliche Erkenntnisobjekt aufgrund der immanent vorhandenen Unsicherheit sowie Dynamik und Komplexität der beeinflussenden Umwelt nicht vollständig modelliert und analysiert werden kann, ist nicht sofort ersichtlich. Die Konfrontation mit be-triebswirtschaftlichen Ansätzen und Modellen löst daher zunächst oftmals einen „Kul-

Dr. Uwe Kehrel
Institut für betriebswirtschaftliches Management
im Fachbereich Chemie und Pharmazie

turschock" aus, der im positiven Fall überwunden werden kann, im negativen Fall jedoch die Auseinandersetzung mit betriebswirtschaftlichen Themen und Zusammenhängen endgültig oder zumindest langfristig verhindert.

Die vorliegend Einführung soll Studierenden der Chemie und Pharmazie sowie anderen Naturwissenschaften den Einstieg in die Betriebswirtschaftslehre erleichtern. Dabei wird nicht das Ziel verfolgt, die Betriebswirtschaftslehre umfassend darzustellen, sondern einen Überblick über das Fachgebiet zu geben und in die betriebswirtschaftliche Denkweise einzuführen. Für eine umfassende Darstellung sei auf die zahlreichenden Lehrbücher zur Allgemeinen Betriebswirtschaftslehre verwiesen, die auszugsweise im Literaturverzeichnis aufgeführt werden.

Für ihren intensiven Einsatz und umfangreiche Unterstützung möchte ich Frau cand. rer. pol. Carolina Liewald danken, ohne die die Fertigstellung des Manuskriptes sicherlich noch einige weitere Semester in Anspruch genommen hätte. Mein größter Dank gilt meiner Ehefrau Agnieszka, die mir jederzeit hilfreich zur Seite stand und mir liebevollen Rückhalt gegeben hat.

Dr. Uwe Kehrel
Institut für betriebswirtschaftliches Management
im Fachbereich Chemie und Pharmazie

Inhaltsverzeichnis

Abbildungsverzeichnis VI

Tabellenverzeichnis VII

1.1   Gegenstand der BWL und Unternehmensführung 1

1.2   Lösung zum Thema Gegenstand der BWL und Unternehmensführung 10

2.1   Produktion 23

2.2   Lösung zum Thema Produktion 27

3.1   Absatz 35

3.2   Lösung zum Thema Absatz 40

4.1   Investition 50

4.2   Lösung zum Thema Investition 53

5.1   Finanzierung 59

5.2   Lösung zum Thema Finanzierung 62

6.1   Externes Rechnungswesen 67

6.2   Lösung zum Thema Externes Rechnungswesen 71

7.1   Internes Rechnungswesen 77

7.2   Lösung zum Thema Internes Rechnungswesen 82

8   Literaturhinweise 91

Dr. Uwe Kehrel
Institut für betriebswirtschaftliches Management
im Fachbereich Chemie und Pharmazie

Abbildungsverzeichnis

Abbildung 1: Funktionale Gliederung BWL. 2

Abbildung 2: Prozess der betrieblichen Leistungserstellung und –verwertung. 12

Abbildung 3: Einordnung der Produkte in die BCG-Matrix. 19

Abbildung 4: Darstellung Gesamtkosten. 29

Abbildung 5: Teilbereiche der Absatzplanung. 41

Abbildung 6: Segmentierungskriterien. 42

Abbildung 7: Der Marketing-Mix und seine vier Bestandteile. 43

Abbildung 8: Die Kernbereiche der Produktpolitik. 45

Abbildung 9: Die Elastizitätsgraphen der Nachfrage für verschiedene Güter. 46

Abbildung 10: Der Investitionsplanungsprozess 54

Abbildung 11: Finanzierungsformen 62

Abbildung 12: Vorzüge börsennotierter Aktien. 65

Abbildung 13: Das Rechnungswesen und seine Bestandteile. 68

Abbildung 14: Die drei Funktionen des Jahresabschlusses. 72

Abbildung 15: Zwecke betriebliches Rechnungswesen 82

Abbildung 16: Einordnung der Beispiele in die Begrifflichkeiten des

             betrieblichen Rechnungswesens. 85

Dr. Uwe Kehrel
Institut für betriebswirtschaftliches Management
im Fachbereich Chemie und Pharmazie

Tabellenverzeichnis

Tabelle 1: Marktanteil (%) und Marktwachstum (%/Jahr) für die
Produkte der Schleckermaul AG. 8

Tabelle 2: Anspruchsgruppen, deren Ansprüche gegenüber und deren
Beträge zur Unternehmung. 13

Tabelle 3: Rechtsformen und Auswahlkriterien. 14

Tabelle 4: Die vier zentralen Fragen der SWOT-Analyse. 17

Tabelle 5: Daten zur ABC-Analyse. 25

Tabelle 6: Daten zur Bestellmengenplanung. 25

Tabelle 7: Daten zur ABC-Analyse. 30

Tabelle 8: Lösung zur ABC-Analyse. 31

Tabelle 9: Daten zur Bestellmengenplanung. 32

Tabelle 10: Unterschiede zwischen Verkäufer- und Käufermarkt. 40

Tabelle 11: Teilbereiche der Kommunikationspolitik und ihre Aufgaben. 48

Tabelle 12: Daten zur Investitionsentscheidung. 52

Tabelle 13: Daten zur Investitionsentscheidung. 56

Tabelle 14: Bilanz zum 31.12.11 der SOLVENZ. 60

Tabelle 15: Eröffnungsbilanz Firma YOLO. 69

Tabelle 16: Die Bestandteile des Jahresabschlusses und ihre Funktionen. 73

Tabelle 17: Die drei Bilanzierungsprinzipien. 73

Tabelle 18: Eröffnungsbilanz Firma YOLO. 74

Tabelle 19: Schlussbilanz und GuV der Firma YOLO. 75

Dr. Uwe Kehrel
Institut für betriebswirtschaftliches Management
im Fachbereich Chemie und Pharmazie

Tabelle 20: Daten zur leistungsabhängigen Abschreibungsmethode. 79

Tabelle 21: Angaben Deckungsbeitrag 80

Tabelle 22: Leistungsabhängige Abschreibungsbeträge. 87

Tabelle 23: Geometrisch-degressive Abschreibung. 88

Tabelle 24: Deckungsbeitragsrechnung 90

Dr. Uwe Kehrel
Institut für betriebswirtschaftliches Management
im Fachbereich Chemie und Pharmazie

1.1 Gegenstand der BWL und Unternehmensführung

Kristina Merck und Alexander Beiersdorf haben in Münster Chemie studiert und promovieren nun in der Analytik bei Professor Liebig. Beide stehen kurz vor dem Ende ihrer Promotion und denken daher verstärkt über ihre berufliche Zukunft nach. Da kommt ihnen der Einfall, sich selbstständig zu machen, gerade recht. Die passende Idee dafür hätten die beiden sogar schon - während ihres Studiums haben sie ein Verdünnungsgerät entwickelt. Das Prinzip des Verdünnungsgerätes ist, dass die benötigte Menge der zu untersuchten Proben und die gebrauchten Konzentrationen im Gerät eingestellt werden und dieses verdünnt die Proben eigenständig. Das entwickelte Verdünnungsgerät erspart die Arbeit Proben selbst zu verdünnen oder Verdünnungsreihen herzustellen. Es ist also für jede Person, die im Labor arbeitet, vor allem in der Analytik, sehr nützlich.

Einige Wochen später haben beide ihren Abschluss und wollen so schnell wie möglich ihr eigenes Unternehmen gründen. Da beide allerdings im Rahmen ihres Studiums weder eine BWL-Vorlesung besucht haben, noch besonders großes Interesse für betriebswirtschaftliche Themenstellungen gezeigt haben, stehen sie vor einer großen Herausforderung. Sie wissen weder was sie alles organisieren müssen, noch wie sie am besten beginnen sollen.

Zwar existiert eine Vielzahl von Lehrbüchern zu betriebswirtschaftlichen Themenstellungen, aber sie hatten es sich leichter vorgestellt sich einzuarbeiten. Nichtsdestotrotz sind die jungen Absolventen so sehr von ihrer Idee und der Unternehmensgründung überzeugt, dass sie nicht schon aufgrund der ersten Schwierigkeiten aufgeben wollen. Deswegen fragen sie ihren Freund, den BWL-Absolventen Lennart Berger um Rat. Nach seinem BWL-Studium in Münster hat Lennart in einem internationalen Industriekonzern eine Position in der strategischen Unternehmensführung übernommen und

Dr. Uwe Kehrel
Institut für betriebswirtschaftliches Management
im Fachbereich Chemie und Pharmazie

hat daher nicht nur theoretische sondern auch praktische Kenntnisse der Betriebswirtschaft vorzuweisen.

Nachdem sie ihm ihre Situation geschildert haben, ist Lennart zunächst etwas verwundert, dass sich seine beiden Freunde im Rahmen ihres Studiums keinerlei betriebswirtschaftliches Wissen angeeignet haben. Als Lennart jedoch beginnt ihnen die grundlegenden Fragen, die im Rahmen einer Unternehmensgründung beantwortet werden sollten, zu stellen, dämmert ihm, dass Kristina und Alexander erst gar nicht wissen, wie sie überhaupt mit der Unternehmensgründung beginnen sollen. Lennart erkennt den Ernst der Lage und macht sich auf die Suche nach seinem BWL-Grundlagenbuch, das seit Abschluss seines Studiums nur noch selten zum Einsatz gekommen ist.

Trotzdem kann es sich noch gut an eine Abbildung erinnern, die den idealtypischen Aufbau der thematischen Inhalte der Betriebswirtschaftslehre darstellt, die auf die beiden Chemie-Absolventen zukommt:

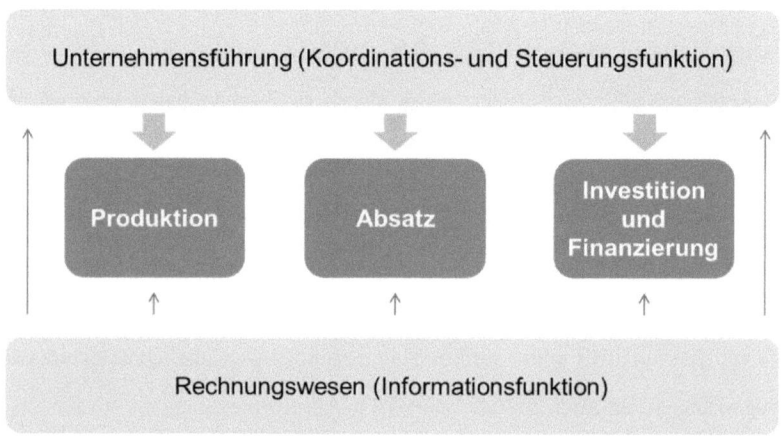

Abbildung 1: Funktionale Gliederung der Betriebswirtschaftslehre.

Dr. Uwe Kehrel
Institut für betriebswirtschaftliches Management
im Fachbereich Chemie und Pharmazie

Lennart erläutert den Beiden die Abbildung:

„Zu Beginn der Gründung eines Unternehmens sollte man sich über die Unternehmensführung einig werden. Anschließend müssen Fragen zur Produktion, zum Absatz sowie zur Investition und Finanzierung nacheinander geklärt werden. Darüber hinaus benötigt ihr ein ordnungsgemäßes internes und externes Rechnungswesen. Ihr müsst wissen, dass alle Inhalte gleichermaßen wichtig sind, denn nur wenn diese ineinander schlüssig und aufeinander abgestimmt sind, wird euer Unternehmen langfristig erfolgreich sein.

Kristina und Alexander sind schockiert, denn erst jetzt wird ihnen bewusst, was eine Unternehmensgründung impliziert. Auch Lennart erkennt, dass seine Freunde dringend Unterstützung benötigen um ihren Traum verwirklichen zu können. Darüber hinaus erinnert er sich an die Veranstaltung „Chemie für Nicht-Chemiker", die er im Rahmen seines Bachelorstudiums belegt hat. Damals hatten Kristina und Alexander ihn sehr bei der Klausurvorbereitung unterstützt und bis jetzt hatte er nie die Gelegenheit gehabt sich bei ihnen zu revangieren.

Nach einer kurzen Denkpause macht er seinen Freunden daher einen Vorschlag: „Es tut mir leid, aber selbst wenn ich wollte, kann ich euch bei einem einzigen Treffen nicht alles im Detail erklären - das würde Tage dauern und ihr könntet euch nur die Hälfte merken. Leider muss ich momentan viel arbeiten und habe nur nach Feierabend Zeit. Ich würde daher vorschlagen, dass ihr euch selbst mit den relevanten Aspekten auseinandersetzt, indem ich euch grundlegende Fragen zu betriebswirtschaftlichen Zusammenhängen stelle, die ihr dann bis zum nächsten Treffen beantwortet. Das sollte es euch einfacher machen! Wenn ihr zwischendurch Fragen habt, stehe ich euch natürlich jederzeit zur Verfügung."

Dr. Uwe Kehrel
Institut für betriebswirtschaftliches Management
im Fachbereich Chemie und Pharmazie

Kristina und Alexander sind erleichtert, dass Lennart ihnen helfen möchte und stimmen ihm freudig zu. „Langsam wird euch klar, dass BWL-Kenntnisse vom Vorteil sind, oder?", fragt Lennart mit einem Augenzwinkern. Die Beiden schauen sich an und nicken. Insgeheim wünschen sie sich, sie hätten sich schon während ihres Studiums damit beschäftigt. „In Ordnung, dann lasst uns direkt loslegen!", sagt Lennart voller Tatendrang und stellt ihnen sofort folgende Fragen:

1.1   „Was ist ein „Betrieb" und wie lässt er sich von dem Begriff „Firma" abgrenzen?"

1.2   „Der grundsätzliche Maßstab wirtschaftlichen Handels ist das Rationalprinzip (oder auch ökonomisches Prinzip genannt). Was besagt dieses Prinzip und welche zwei Ausprägungen unterscheidet man?"

1.3   Lennart schmunzelt und sagt: „Dazu habe ich sogar ein Beispiel aus meinem Arbeitsalltag. Bei meinem gestrigen Meeting hat der CEO unseren Marketing-Chef aufgefordert „mit dem niedrigsten Ausgaben für Werbung und Vertrieb, den höchstmöglichen Umsatz zu erzielen". Wisst ihr ob und wenn ja, welche Ausprägung des ökonomischen Prinzips unser CEO hier gemeint hat?

1.4   „Was sind die betriebswirtschaftlichen Produktionsfaktoren und wie läuft der Prozess der betrieblichen Leistungserstellung und Leistungsverwertung ab?"

1.5   „Welche Aufgaben kommen auf die Unternehmensführung beim Shareholder-Ansatz zu? Welche beim Stakeholder-Ansatz?"

Dr. Uwe Kehrel
Institut für betriebswirtschaftliches Management
im Fachbereich Chemie und Pharmazie

1.6 „Des Weiteren sollte euch bewusst werden welche Anspruchsgruppen es überhaupt gibt, welche Ansprüche sie haben und welchen Beitrag sie zum Unternehmen leisten."

1.7 „Wieso muss man sich bei der Gründung eines Unternehmens für eine Rechtsform entscheiden? Welche gibt es überhaupt? Nach welchen Auswahlkriterien entscheidet man sich für eine Rechtsform?"

Dr. Uwe Kehrel
Institut für betriebswirtschaftliches Management
im Fachbereich Chemie und Pharmazie

1.8 Wenn ich Lust habt, könnt ihr euer Rechtsform - Wissen selbst kurz überprüfen und die Lücken im Text ausfüllen:

Eure Kommilitonen Marco, Robert und Mats wollen in diesem Sommer zusammen eine WM-Partyreihe in Münster organisieren. Die geeignete Rechtsform dafür ist die _____. Der große Vorteil hierbei ist, dass sie dafür nur ein Mindestkapital von _____ € aufbringen müssten und keine Eintragung in das _____ notwendig wäre. Allerdings müssten sie auch in Kauf nehmen, dass keine _____ besteht.

Die Geschäftsleute Arjen, Franck und Manuel wollen dagegen ein langfristiges Unternehmen gründen. Ihnen ist jedoch besonders wichtig, dass sie die Haftung mit dem Privatvermögen so gering wie möglich halten. Daher tendieren sie momentan zur _____ oder _____. Obwohl die drei recht gut situiert sind, wollen sie zur Finanzierung des _____ von _____ € bei der _____ und _____ € bei der _____ bei der Bank ihres Vertrauens einen Kredit aufnehmen. Der Bankberater freut sich über sein potenzielles Geschäft, möchte aber als Sicherheit für seinen Kredit eine _____ haben und somit die Haftungsbeschränkung aushebeln.

Damit hatten die drei Geschäftsleute nicht gerechnet und sind nun am überlegen, welche Rechtsform sie alternativ wählen könnten. Da hat Franck eine Idee und schlägt vor eine Rechtsform zu wählen, die die Gesellschafterhaftung und die Gesellschaftshaftung kombiniert – die _____. Fraglich ist jetzt jedoch, wer von den dreien als Vollhafter, auch _____ genannt, auftreten würde. Während Manuel sich gerne aus dem Spielfeld zurückzieht und sich als - _____ anbietet, sind sich Arjen und Franck noch uneinig, weil sie wissen, dass der Vollhafter auch die _____ übernehmen darf.

Dr. Uwe Kehrel
Institut für betriebswirtschaftliches Management
im Fachbereich Chemie und Pharmazie

Kristina und Alexander schreiben fleißig mit und ihnen wird klar, wie viel Arbeit noch vor ihnen liegt. Als Lennart ihre frustrierten Gesichter sieht, grinst er verschmitzt und sagt: „Wenn ihr euch über diese Fragen Gedanken gemacht habt, müssen wir einen Schritt weiter gehen. Bevor ihr ein Unternehmen gründet, ist es notwendig euer Produkt und eure Geschäftsidee auf den Prüfstand zu stellen. Schließlich seid ihr ja nicht vollkommen allein auf dem Markt für Laborausstattungen! Dazu eignet sich besonders gut, die **SWOT**-Analyse. Dabei setzt man die Stärken (**S**trengths) und Schwächen (**W**eaknesses) eures Unternehmens bzw. Produktes mit den Chancen (**O**pportunities) und Bedrohungen (**T**hreats) der Umwelt in Beziehung."

1.9   „Daraus resultieren vier zentrale Fragen der SWOT-Analyse, welche sind das und wie würdet ihr sie für euer Produkt beantworten?"

Lennart fährt fort: „Wo wir schon über Methoden des strategischen Managements sprechen, möchte ich euch noch eine weitere wichtige Methode vorstellen. Die Portfolio-Analyse oder auch 4-Felder-Matrix nach der Boston Consulting Group (BCG) ermöglicht es uns verschiedene Produkte in Bezug auf Marktanteil und Marktwachstum so einzuordnen, dass die Stärken und Schwächen des Portfolios auf einem Blick sichtbar werden."

Als die beiden Chemiker das hören, bekommen sie ganz große Augen: „Produkt-Portfolio? Wir haben doch zurzeit nur ein einziges Produkt!"

„Ich weiß!", Lennart nickt: „Deshalb habe ich euch auch ein Beispiel vorbereitet, damit ihr dennoch das Prinzip der Methode nachvollziehen könnt. Ich hoffe, ihr mögt Schokolade?"

Dr. Uwe Kehrel
Institut für betriebswirtschaftliches Management
im Fachbereich Chemie und Pharmazie

Lennarts Beispiel für die Portfolio-Analyse: Die Unternehmensleitung der Firma Schleckermaul AG interessiert sich dafür, wie die eigenen Produkte am Markt positioniert sind. Um das herauszufinden, erhält der direkt zugeordnete Stab „Produktplanung" die Aufgabe, eine entsprechende Untersuchung durchzuführen. Nach einigen Wochen liefert Ihnen die Leiterin der Produktionsplanung, Frau Schlaufuchs, folgende Daten:

Produkt	Rel. Marktanteil in %	Marktwachstum in %/Jahr
Tafelschokolade	15	1
Schokoriegel	8	15
Pralinen	10	4
Bonbons	4	6
Gebäck	5	8
„Überraschungseier"	12	18
Getreideriegel	7	17

Tabelle 1: Marktanteil (%) und Marktwachstum (%/Jahr) für die Produkte der Schleckermaul AG.

Anmerkung: Im Süßwarenbereich gilt ein Marktwachstum ab 10% / Jahr als hoch. Ein Marktanteil/Marktwachstum über je 20% kommt nicht vor.

1.10   „Wie sieht das Portfolio nach der Boston Consulting Group (4-Felder-Matrix) aus? Wo sind die oben genannten Produkte in dieser Matrix zu positionieren? Wie heißen die einzelnen Felder der Matrix?"

Dr. Uwe Kehrel
Institut für betriebswirtschaftliches Management
im Fachbereich Chemie und Pharmazie

Zum Abschluss des ersten Treffens spricht Lennart noch das Thema „Organisation" an und stellt folgende Fragen:

1.11 „Wie werden funktionale und divisionale Organisationen unterschieden? Und welche Vor-und Nachteile sind jeweils zu beachten?"

1.12 „Welche Unterschiede gibt es beim Einlinien- und Mehrliniensystem? Welche Vor-und Nachteile sind hierbei zu beachten?"

1.13 Im Anschluss erzählt Lennart noch kurz von seinem Arbeitsalltag im Großkonzern: „Bei uns im Konzern ist die Strukturierung wiederum ganz anders. Wir haben beispielsweise einen Produktmanager für Produkt A **und** einen Verantwortlichen Produktionsleiter. Oftmals kommt es jedoch zu Konflikten, da beide unterschiedliche Zielsetzungen verfolgen. Auf der anderen Seite werden so verschiedene Ansichten in die Entscheidungsfindung miteinbezogen."

Erkennt ihr um welche Organisationform es sich handelt? Was könnten hier möglich Vor- oder Nachteile sein?"

Kristina und Alexander sind mit diesen Fragen (noch) überfordert. Könnt ihr ihnen weiter helfen?

Dr. Uwe Kehrel
Institut für betriebswirtschaftliches Management
im Fachbereich Chemie und Pharmazie

1.2 Lösung zum Thema Gegenstand der BWL und Unternehmensführung

Kristina Merck und Alexander Beiersdorf haben sich mit den Fragen, die Lennart Berger ihnen gestellt hat, beschäftigt. Im Folgenden sind die Lösungen der Beiden dargestellt:

1.1 „Was ist ein „Betrieb" und wie lässt er sich von dem Begriff „Firma" abgrenzen?"

Als Betrieb bezeichnet man eine planvolle organisierte Wirtschaftseinheit, in der Produktionsfaktoren kombiniert werden um Güter und Dienstleistungen herzustellen und abzusetzen.

Obwohl die Begriffe „Betrieb" und „Firma" umgangssprachlich synonym verwendet werden, muss zwischen den Begrifflichkeiten unterschieden werden. Während der „Betrieb" eine <u>technisch</u> bestimmte Einheit darstellt, ist eine Firma eine <u>rechtlich</u> bestimmte Einheit. Folglich wird mit Firma der Name eines Unternehmens bezeichnet, wie beispielsweise die „Lanxess AG".

1.2 „Der grundsätzliche Maßstab wirtschaftlichen Handels ist das Rationalprinzip (oder auch ökonomisches Prinzip). Was besagt dieses Prinzip und welche zwei Ausprägungen unterscheidet man?"

Die zwei Ausprägungen heißen Maximalprinzip und Minimalprinzip.
Maximalprinzip: Realisiere bei einem gegebenen Input den maximalen Output.
Minimalprinzip: Realisiere bei einem gegebenen Output den minimalen Input.

Dr. Uwe Kehrel
Institut für betriebswirtschaftliches Management
im Fachbereich Chemie und Pharmazie

1.3 Lennart schmunzelt und sagt: „Dazu habe ich sogar ein Beispiel aus meinem Arbeitsalltag. Bei meinem gestrigen Meeting hat der CEO unseren Marketing-Chef aufgefordert „mit dem niedrigsten Ausgaben für Werbung und Vertrieb, den höchstmöglichen Umsatz zu erzielen". Wisst ihr ob und wenn ja, welche Ausprägung des ökonomischen Prinzips unser CEO hier gemeint hat?

Lennarts CEO vermischt in dem Beispiel die beiden Ausprägungen. Der Marketing-Chef soll zum einen den höchstmöglichen Umsatz erzielen (Maximalprinzip) und zum anderen nur minimale Mittel ausgeben (Minimalprinzip). Versucht der Marketing-Chef beide Ziele zu verfolgen, handelt er nicht nach dem ökonomischen Prinzip.

1.4 „Was sind die betrieblichen Produktionsfaktoren und wie läuft der Prozess der betrieblichen Leistungserstellung und Leistungsverwertung ab?"

Die betriebswirtschaftlichen Produktionsfaktoren sind Arbeit, Betriebsmittel und Werkstoffe. In Abbildung 2 werden die Beziehungen zwischen Beschaffungsmarkt, Betrieb und Absatzmarkt gezeigt. Außerdem werden die Wechselwirkungen zwischen dem Betrieb und jeweils dem Kapitalmarkt und dem Staat veranschaulicht. Die nummerierten Pfeile symbolisieren hierbei den Güter- bzw. Geldstromkreislauf.

Dr. Uwe Kehrel
Institut für betriebswirtschaftliches Management
im Fachbereich Chemie und Pharmazie

Prozess der betrieblichen Leistungserstellung und -verwertung:

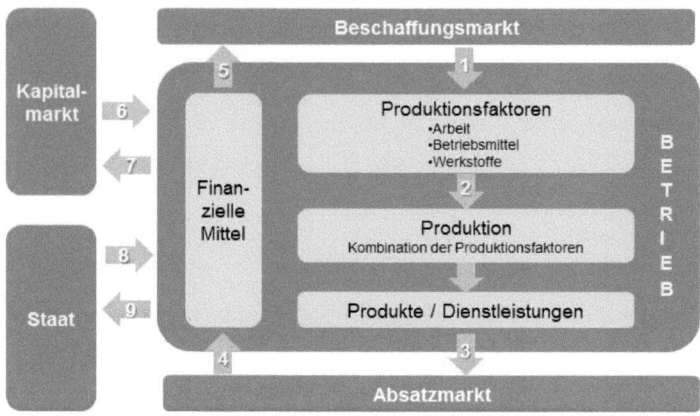

Abbildung 2: Prozess der betrieblichen Leistungserstellung

und –verwertung.

1.5 „Welche Aufgaben kommen auf die Unternehmensführung beim Shareholder-Ansatz zu? Welche beim Stakeholder-Ansatz?"

Shareholder-Ansatz: Unternehmerische Entscheidungen sind so zu treffen, dass Einkommen und Vermögen der Shareholder verbessert wird.

Maximierung des Shareholder Value → Eigenkapitalmaximierung
→ Langfristige Gewinnmaximierung

Stakeholder-Ansatz: Koalition verschiedener Anspruchsgruppen (Stakeholder)
→Oberstes Unternehmensziel: Steigerung des Allgemeinwohls

Dr. Uwe Kehrel
Institut für betriebswirtschaftliches Management
im Fachbereich Chemie und Pharmazie

1.6 „Des Weiteren sollte euch bewusst werden welche Anspruchsgruppen es überhaupt gibt, welche Ansprüche sie haben und welchen Beitrag sie zum Unternehmen leisten."

Anspruchsgruppen	Anspruch gegenüber der Unternehmung	Beitrag zur Unternehmung
Eigenkapital (Eigentümer; Anteilseigner)	Mehrung des eingesetzten Kapitals (Gewinnausschüttung und Kapitalzuwachs)	Eigenkapital
Fremdkapitalgeber	Zeitlich und betragsmäßig festgelegte Tilgung und Verzinsung des eingesetzten Kapitals	Fremdkapital
Arbeitnehmer	Leistungsgerechte Entlohnung, motivierende Arbeitsbedingungen, Arbeitsplatzsicherheit	Ausführende Arbeit
Management	Gehalt, Macht, Einfluss, Prestige	Dispositive Arbeit
Kunden	Preisgünstige und qualitative Güter	Abnahme hochwertiger Güter
Lieferanten	Zuverlässige Bezahlung, langfristige Lieferbeziehungen	Lieferung hochwertiger Güter
Allgemeine Öffentlichkeit	Steuerzahlungen, Einhaltung der Rechtsvorschriften, schonender Umgang mit der Umwelt	Infrastruktur, Rechtsordnung, Umweltgüter

Tabelle 2: Anspruchsgruppen, deren Ansprüche gegenüber und deren Beträge zur Unternehmung.

Dr. Uwe Kehrel
Institut für betriebswirtschaftliches Management
im Fachbereich Chemie und Pharmazie

1.7 „Wieso muss man sich bei der Gründung eines Unternehmens für eine Rechtsform entscheiden? Welche gibt es überhaupt? Nach welchen Auswahlkriterien entscheidet man sich für eine Rechtsform?"

Merkmal	Personengebundene Unternehmen			Kapitalgesellschaften	
	Einzel-kaufm.	OHG	KG	GmbH	AG
Anzahl Eigentümer	1	Min. 2	Min. 2	Min. 1	Min. 1
Mindest-kapital	keines		Nur Kommanditist	Festes Stamm-kapital: min 25.000 €	Festes Grund-kapital: min. 50.000 €
Haftung der Eigentümer mit dem Privatvermögen	ja		Komplementär: ja Kommanditist: nein	nein	
Besteuerung von Gewinn	Einkommenssteuer (gewerbliche Tätigkeit) bei den Eigentümern			Körperschaftssteuer	
Leitungs-befugnis	Inhaber	Gesell-schafter	Komplementär	Geschäfts-führer	Vorstand

Tabelle 3: Rechtsformen und Auswahlkriterien.

Dr. Uwe Kehrel
Institut für betriebswirtschaftliches Management
im Fachbereich Chemie und Pharmazie

Die Wahl der Rechtsform zählt zu den langfristig wirksamen unternehmerischen Entscheidungen. Die Frage, welche Rechtsform für einen Betrieb die wirtschaftlich zweckmäßigste ist, stellt sich nicht nur bei der Gründung eines Betriebes, sondern sie muss jeweils von neuem überprüft werden, wenn sich wesentliche persönliche, wirtschaftliche oder rechtliche Faktoren ändern, die zuvor bei der Entscheidung für eine bestimmte Rechtsform den Ausschlag gegeben haben. Aufgrund der Rechtsform muss das Unternehmen haften, Steuern zahlen und publizieren.

Weitere Auswahlkriterien sind:

- Gewinn- / Verlustbeteiligung
- Finanzierungsmöglichkeiten
- Publizität, Prüfung und Mitbestimmung der Arbeitnehmer

Dr. Uwe Kehrel
Institut für betriebswirtschaftliches Management
im Fachbereich Chemie und Pharmazie

1.8 Wenn ich Lust habt, könnt ihr euer Rechtsform - Wissen selbst kurz überprüfen und die Lücken im Text ausfüllen:

Eure Kommilitonen Marco, Robert und Mats wollen in diesem Sommer zusammen eine Partyreihe in Münster organisieren. Die geeignete Rechtsform dafür ist die **BGB-Gesellschaft**. *Der große Vorteil hierbei ist, dass sie dafür nur ein Mindestkapital von* **0 €** *aufbringen müssten und keine Eintragung in das* **Handelsregister** *notwendig wäre. Allerdings müssten sie auch in Kauf nehmen, dass keine* **begrenzte private Haftung** *besteht.*

Die Geschäftsleute Arjen, Franck und Manuel wollen dagegen ein langfristiges Unternehmen gründen. Ihnen ist jedoch besonders wichtig, dass sie die Haftung mit dem Privatvermögen so gering wie möglich halten. Daher tendieren sie momentan zur **GmbH** *oder* **AG**. *Obwohl die drei recht gut situiert sind, wollen sie zur Finanzierung des* **Mindestkapitals von 25.000** *bei der* **GmbH** *und von* **50.000** *bei der* **AG** *bei der Bank ihres Vertrauens einen Kredit aufnehmen. Der Bankberater freut sich über sein potenzielles Geschäft, möchte aber als Sicherheit für seinen Kredit eine* **Bürgschaft** *haben und haben und somit die Haftungsbeschränkung ausheben.*

Damit hatten die drei Geschäftsleute nicht gerechnet und sind nun am überlegen, welche Rechtsform sie alternativ wählen könnten. Da hat Franck eine Idee und schlägt vor eine Rechtsform zu wählen, die die Gesellschafterhaftung und die Gesellschaftshaftung kombiniert – die **Kommanditgesellschaft**. *Fraglich ist jetzt jedoch, wer von den dreien als Vollhafter,* **Komplementär** *genannt, auftreten würde. Während Manuel sich gerne aus dem Spielfeld zurückzieht und sich als* **Kommanditist** *anbietet. Sind sich Arjen und Franck noch uneinig, weil sie wissen, dass der Vollhafter auch die* **Geschäftsführung** *übernehmen darf.*

Dr. Uwe Kehrel
Institut für betriebswirtschaftliches Management
im Fachbereich Chemie und Pharmazie

1.9 „Daraus resultieren vier zentrale Fragen der SWOT-Analyse, wie lauten diese?"

In der folgenden Tabelle 4 werden die vier zentralen Fragen der SWOT-Analyse gestellt. Sie entstehen durch die Kombination der unternehmensinternen Erfolgsfaktoren Stärken und Schwächen mit den unternehmensexternen Erfolgsfaktoren Chancen und Bedrohungen.

	Opportunities (Chancen)	Threats (Bedrohungen)
Strengths (Stärken)	I. Mit welchen Stärken können welche Chancen im Markt genutzt werden?	III. Mit welchen Stärken können welche Risiken abgewendet werden?
Weaknesses (Schwächen)	II. Welche Schwächen hindern uns, bestimmte Chancen zu nutzen?	IV. Welche Schwächen stellen zusammen mit welchen Gefahren Risiken dar?

Tabelle 4: Die vier zentralen Fragen der SWOT-Analyse.

Die Stärken-/ Schwächen-Analyse dient zur Bewertung der Ressourcen und Fähigkeiten eines Unternehmens im Hinblick auf die kritischen Erfolgsfaktoren und die wichtigsten Konkurrenten. So wird versucht festzustellen, welche konkreten Aktivitäten das Unternehmen unter Berücksichtigung der gegenwärtigen und zukünftigen Ressourcensituation ergreifen sollte.

Durch die Chancen-/Bedrohungen-Analyse werden die diskontinuierlichen Entwicklungen der externen Umwelt bewertet. Dazu gehört die Einteilung der Auswirkungen von Umwelteinwirkungen auf aktuellen und potentiellen Geschäftsfeldern der Unternehmung auf einer Skala.

Dr. Uwe Kehrel
Institut für betriebswirtschaftliches Management
im Fachbereich Chemie und Pharmazie

1.10 „Wie sieht das Portfolio nach der Boston Consulting Group (4-Feld-Matrix) aus? Wo sind die oben genannten Produkte in dieser Matrix zu positionieren? Wie heißen die einzelnen Felder der Matrix?"

Nach der Boston Consulting Group werden der relative Marktanteil und das prozentuale Marktwachstum pro Jahr gegeneinander aufgetragen. Die 4 Felder der Matrix heißen „Question Marks", „Stars", „Cash Cows" und „Poor Dogs". Sie werden wie folgt charakterisiert:

„Question Marks" sind attraktive Geschäftsfelder, in denen das eigene Unternehmen allerdings eine schwache Wettbewerbsposition hat. Die Möglichkeit Finanzmittel freizusetzen, sind entsprechend begrenzt. Ein Ausbau der Wettbewerbsposition erfordert erhebliche finanzielle Ressourcen und ist damit mit einem hohen Risiko versehen. (Offensivstrategie)

„Stars" sind Geschäftsfelder mit einer hohen Marktattraktivität und einer starken Wettbewerbsposition des Unternehmens. Aufgrund der guten Wettbewerbsposition können Finanzmittel freigesetzt werden, die hauptsächlich für das weitere Wachstum in dem Markt/ Geschäftsfeld verwendet werden sollen. (Wachstumsstrategie)

„Cash Cows" sind die wichtigsten (internen) Finanzierungsquellen des Unternehmens. Die eigene Wettbewerbsposition ist so stark, dass die erwirtschafteten Gewinne für den Aus- und Aufbau anderer Geschäftsfelder verwendet werden sollen. Eine vollständige Re-Investition in den bestehenden Markt ist aufgrund des geringen Wachstums nicht sinnvoll. (Abschöpfungsstrategie)

Dr. Uwe Kehrel
Institut für betriebswirtschaftliches Management
im Fachbereich Chemie und Pharmazie

„**Dogs**" sind nach dem Modell „Kapitalfallen" des Unternehmens. Die geringen finanziellen Mittel, die erwirtschaftet werden, müssen i.d.R. dafür verwendet werden, die bereits schwache Wettbewerbsposition in dem wenig attraktiven Markt zu halten. Daher sollen diese Geschäftsfelder abgebaut werden. (Desinvestitionsstrategie)

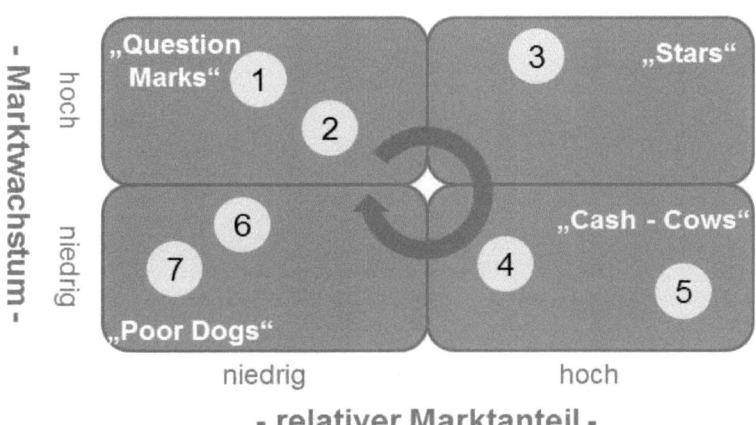

Abbildung 3: Einordnung der Produkte in die BCG-Matrix.

In Abbildung 3 sind die Produkte der Schleckermaul AG in der 4-Felder-Matrix wie folgt positioniert:

„Question Marks"

1. Getreideriegel
2. Schokoriegel

„Stars"

3. „Überraschungseier"

„Poor Dogs"

6. Gebäck
7. Bonbons

„Cash Cows"

4. Pralinen
5. Tafelschokolade

Dr. Uwe Kehrel
Institut für betriebswirtschaftliches Management
im Fachbereich Chemie und Pharmazie

1.11 „Wie werden funktionale und divisionale Organisation unterschieden? Welche Vor- und Nachteile sind zu beachten?"

Funktionale Organisation: Bei der funktionalen Organisation sind die einzelnen Stellen und Bereiche nach Verrichtungen untergliedert, also nach Einkauf, Produktion, Vertrieb, Finanz- und Rechnungswesen etc.

Vorteile liegen in der Verfügbarkeit der Kompetenz. Die Struktur entspricht der logischen Arbeitsteilung und Spezialisierung, Doppelarbeiten werden vermieden, wodurch Rationalisierungseffekte entstehen.

Nachteile machen sich besonders dann bemerkbar, wenn das Unternehmen eine bestimmte Größenordnung erreicht und überschreitet und die Produktpalette breiter wird. Bei unterschiedlichen Produktlinien ist es nicht mehr sinnvoll, z.B. die Vertriebsabteilung einer Leitung zu unterstellen, da die geforderten Fachkenntnisse sehr unterschiedlich sind. Desweiteren ist hier noch ein erhöhter Koordinationsaufwand zu beobachten.

Diese Form ist typisch für kleinere und mittlere Unternehmen, meist auch für ein-Produkt-Unternehmen bzw. Unternehmungen mit relativ einheitlichem Sortiment.

Divisionale Organisation: Die divisionale Organisationsform ist eine objektbezogene Organisationsform. Kennzeichnend ist die Aufteilung nach Produkten bzw. Produktgruppen auf der oberen Ebene. Unterhalb dieser Ebene findet sich in vielen Fällen eine funktionale Gliederung.

Vor- und Nachteile verhalten sich weitgehen *spiegelbildlich* zur funktionalen Form.

Größter *Vorteil* ist die klare Zuweisung der Ergebnisverantwortung an eine Person. Darüber hinaus spricht auch die Flexibilität und Marktnähe für divisionale Organisation. Die Leiter der Sparten können auf veränderte Marktverhältnisse schnell reagieren

Dr. Uwe Kehrel
Institut für betriebswirtschaftliches Management
im Fachbereich Chemie und Pharmazie

und brauchen sich nicht in allen Einzelheiten mit Abteilungen außerhalb des eigenen Verantwortungsbereichs abzustimmen.

Die *Nachteile* liegen in der Gefahr von Doppelarbeiten, da jede Sparte einen eigenen Einkauf, eine eigene Produktion etc. aufbaut. Auch muss jede Sparte ihre eigene Kompetenz aufbauen und kann nicht oder nur schwer auf bereits vorhandenes Know-how in anderen Bereichen zurückgreifen.

Die divisionale Organisation ist vor allem geeignet für Großunternehmen mit heterogenen Produkten und relativ geringen Interdependenzen zwischen den Produktgruppen.

1.12 „Welche Unterschiede gibt es beim Einlinien- und Mehrliniensystem? Welche Vor-und Nachteile sind hierbei zu beachten?"

Im **Einliniensystem** ist eine Stelle nur einer einzigen Instanz unterstellt. Im **Mehrliniensystem** hat eine Stelle von mehreren übergeordneten Stellen Weisungen entgegenzunehmen.

Einliniensystem

Vorteil: Klar abgegrenzte Weisungskompetenz

Nachteil: Lange Kommunikationswege

Mehrliniensystem

Vorteil: kurze Kommunikationswege

Nachteil: Kompetenzstreitigkeiten

Dr. Uwe Kehrel
Institut für betriebswirtschaftliches Management
im Fachbereich Chemie und Pharmazie

1.13 „Bei uns im Konzern ist die Strukturierung wiederum ganz anders. Wir haben beispielsweise einen Produktmanager für Produkt A **und** einen Verantwortlichen Produktionsleiter. Oftmals kommt es jedoch zu Konflikten, da beide unterschiedliche Zielsetzungen verfolgen. Auf der anderen Seite werden so verschiedene Ansichten in die Entscheidungsfindung miteinbezogen. Erkennt ihr um welche Organisationform es sich handelt? Was könnten hier möglich Vor- oder Nachteile sein?

Bei der obigen Beschreibung handelt es sich um eine Matrixorganisation. In dieser Organisationsform entsteht eine Stelle im Fadenkreuz von einer Spartenleitung und einer Funktion. Sie findet vor allem bei großen Unternehmen Anwendung, bei denen mindestens zwei Gliederungsdimensionen für die Wettbewerbsfähigkeit wichtig sind. Vorteile dieser Organisationsform sind u.a. die Spezialisierung der Leitungsfunktion bei gleichzeitiger Entlastung der Unternehmensführung sowie kürzere Kommunikationswege zwischen Produktverantwortlichen und Funktionsträgern. Nachteilig ist jedoch die Gefahr von Machtkämpfen zwischen den beiden Funktionen und ein hoher Kommunikationsaufwand, der oftmals in einer schwerfälligen und lange dauernden Entscheidungsfindung resultiert.

Dr. Uwe Kehrel
Institut für betriebswirtschaftliches Management
im Fachbereich Chemie und Pharmazie

2.1 Produktion

Kristina und Alexander haben sich seit dem letzten Treffen mit Lennart ausgiebig mit seinen Fragen beschäftigt und haben nun endlich das Gefühl, dass ihnen die Thematik der Unternehmensführung verständlicher geworden ist. Darüber hinaus konnten die Beiden das Gelernte sofort in die Tat umgesetzt und haben die betriebswirtschaftlichen Grundentscheidungen hinsichtlich ihrer Unternehmensgründung getroffen.

Sie haben sich entschlossen eine GmbH zu gründen, da beide nicht mit ihrem persönlichen Eigentum haften wollen. Das Mindesteigenkapital i.H.v. 25.000 € haben sie während ihres Promotionsstudiums angespart. Des Weiteren bekommen sie noch zusätzliche finanzielle Unterstützung von ihren Eltern.

Auch bezüglich der Einstellung von Personal haben die jungen Unternehmer sich Gedanken gemacht. Es wäre zwar reizvoll direkt am Anfang ausgebildete Experten einzustellen aber da sie noch nicht genau einschätzen können, wie erfolgreich sie mit ihrem neu gegründeten Unternehmen sein werden, haben sie sich entschlossen vorerst keine Mitarbeiter zu rekrutieren. Zukünftig werden also alle Entscheidungen betreffend Produktion, Marketing, Investition, Finanzierung und Rechnungswesen lediglich von den Beiden gemeinsam getroffen werden. Bei dem Gedanken daran wird Kristina und Alexander zwar etwas mulmig, aber sie hoffen mit der Hilfe von Lennart die benötigte Expertise zu erlangen.

Kristina und Alexander sind schon sehr gespannt wie Lennart auf ihre Pläne reagieren wird und verabreden sich mit Lennart für ihr zweites Treffen in einem beliebten Eiscafé. Lennart kommt direkt von der Arbeit und freut sich die Beiden zu sehen. Natürlich fragt er sofort interessiert nach, wie es den Beiden ergangen ist. „Konntet ihr meine Aufgaben lösen?" Ohne lange Umschweifen beginnen die Drei Kristinas und Alexan-

Dr. Uwe Kehrel
Institut für betriebswirtschaftliches Management
im Fachbereich Chemie und Pharmazie

ders Lösungsvorschläge zu besprechen und offene Fragen zu klären um die letzten Unklarheiten zu beseitigen.

„So jetzt habt ihr euch einen Eisbecher verdient und bevor wir mit unserem heutigen Thema starten, kann ich auch noch eine kleine Stärkung gebrauchen!" sagt Lennart und bestellt für sich und seine beiden Freunde drei große Schokobecher.

Nach der kleinen Entspannungspause lenkt Lennart das Gespräch wieder auf die Betriebswirtschaft: „Für die restliche Zeit des heutigen Treffens wollen wir uns mit dem Thema Produktion auseinandersetzen. Auch darüber müsst ihr euch Gedanken machen. Nun zu den Fragen, die ihr bis zum nächsten Mal beantworten sollt:"

2.1 „Was versteht man unter dem Begriff Produktion?"

2.2 „Welche Ziele verfolgt die Produktionstheorie? Welche die Kostentheorie?"

2.3 „Was versteht man unter einer Produktionsfunktion? Wie unterscheidet man substitutionale und limitationale Produktionsfunktionen voneinander?"

2.4 „Wie sind die Begriffe fixe Kosten, variable Kosten, Grenzkosten und Durchschnittskosten zu definieren? Und wie könnte man die Gesamtkosten (inkl. Fixkosten und variablen Kosten) graphisch darstellen?"

2.5 „Worin liegt das Ziel der Materialwirtschaft?"

2.6 „Das Unternehmen SKADO produziert Kleinwagen für den europäischen Raum. Führt eine ABC-Analyse durch. Es werden dort täglich folgende Materialien für den Bau der PKWs benötigt:"

Dr. Uwe Kehrel
Institut für betriebswirtschaftliches Management
im Fachbereich Chemie und Pharmazie

Materialart	Täglicher Bedarf [ME]	Einzelpreis [€/ME]
A	1.500	6,00
B	850	15,80
C	10.000	9,00
D	150	860,00
E	15.000	0,24
F	40.000	0,04
G	5.000	2,60
H	17.500	0,18
I	1.000	12,40
K	12.000	0,16

Tabelle 5: Daten zur ABC-Analyse.

2.7 „Beschreibt die Grundproblematik der Bestellmengenplanung und berechnet die optimale Bestellmenge für folgende Daten:"

Jahresbedarf	15.000 Stück
Kosten/Stück	120 €
bestellfixe Kosten	400 €
pro Bestellung	
Lagerkosten	2%
Zinskosten	8%

Tabelle 6: Daten zur Bestellmengenplanung.

Dr. Uwe Kehrel
Institut für betriebswirtschaftliches Management
im Fachbereich Chemie und Pharmazie

„So, das wäre es jetzt erstmal von meiner Seite. Habt ihr denn noch Fragen?" will Lennart wissen. Da Kristina und Alexander sich bereits vor dem Treffen mit der Planung ihrer Produktion beschäftigt haben, sind sie tatsächlich auf ein kleines Problem gestoßen, zudem sie Lennart gerne befragen wollen:

2.8   „Wenn wir beginnen zu produzieren, gehen wir von 10.000 € (fixe Kosten), die für die Miete der Produktionshalle und der Lagerhalle anfallen, aus. Des Weiteren würden variable Stückkosten in Höhe von 200 € anfallen. Außerdem gehen wir von einem linearen Gesamtkostenverlauf aus. Im ersten Monat wollen wir 100 Verdünnungsgeräte herstellen. Wie bestimmen wir denn nun genau die Gesamtkosten, die Grenzkosten, die Stückkosten, sowie die variablen und fixen Kosten? Das haben wir noch nicht ganz verstanden!"

Lennart überlegt kurz ob er ihnen die Lösung verraten soll. Schließlich entscheidet er sich doch dagegen und meint: „Ihr habt heute Fragen von mir bekommen, beantwortet diese erst mal. Wenn ihr euch mit der Thematik auseinander gesetzt habt und euer Problem immer noch nicht lösen könnt, dann helfe ich euch. Aber ich bin mir sicher, dass ihr es auch alleine lösen könnt."

Obwohl Kristina und Alexander noch ein bisschen skeptisch sind, hat Lennart ihren Ehrgeiz geweckt und sie wollen ihr Problem unbedingt selbstständig lösen. Wollt ihr sie dabei unterstützen?

Dr. Uwe Kehrel
Institut für betriebswirtschaftliches Management
im Fachbereich Chemie und Pharmazie

2.2 Lösung zum Thema Produktion

„Was du heute kannst besorgen, verschiebe nicht auf morgen!", jeder kennt dieses Sprichwort aber kaum jemand hält sich daran – genauso auch Kristina und Alexander. Doch am letzten Tag vor ihrem nächsten Treffen mit Lennart können sie sich doch noch aufraffen und seine Fragen beantworten.

Im Folgenden sind die Lösungen der Beiden dargestellt:

2.1   „Was versteht man unter dem Begriff Produktion?"

Unter Produktion versteht man die Kombination von Produktionsfaktoren im Prozess der betrieblichen Leistungserstellung. Die Produktion wird in die vier Teilbereiche Beschaffung, Transport, Lagerhaltung und Fertigung untergliedert.

2.2   „Welche Ziele verfolgt die Produktionstheorie? Welche die Kostentheorie?"

Ziel der Produktionstheorie: Funktionale Zusammenhänge zwischen der Menge der eingesetzten Produktionsfaktoren und der Menge der damit hergestellten Produkte aufzeigen.

Ziel der Kostentheorie: Funktionale Beziehungen zwischen Ausbringungsmenge und den durch die Produktion verursachten Kosten aufzeigen.

Dr. Uwe Kehrel
Institut für betriebswirtschaftliches Management
im Fachbereich Chemie und Pharmazie

2.3　„Was versteht man unter einer Produktionsfunktion? Wie unterscheidet man substitutionale und limitationale Produktionsfunktion voneinander?"

Produktionsfunktion: Beziehung zwischen technisch effizienten Faktoreinsatzkombinationen und Ausbringungsmenge.

- *Substitutional:* Produktionsfaktoren können gegeneinander ersetzt (substituiert) werden

Beispiel: Für die Automobilproduktion benötigt ein Unternehmen drei Arbeiter und eine Maschine. Zwei Arbeiter könnten jedoch auch durch hochwertige Maschinen ersetzt werden.

- *Limitational:* Produktionsfaktoren stehen in einem festen Faktoreinsatzverhältnis zueinander, d.h. für jede Ausbringungsmenge gibt es nur eine mögliche effiziente Faktorkombination

Beispiel: Um ein Fahrrad herzustellen, werden immer ein Rahmen und genau zwei Räder benötigt.

2.4　„Wie sind die Begriffe unter fixen Kosten, variablen Kosten, Grenzkosten und Durchschnittskosten zu definieren? Und wie könnte man die Gesamtkosten K (inkl K_f und K_v) graphisch darstellen?"

Fixe Kosten: Teil der Gesamtkosten, der auch bei einer Ausbringungsmenge von Null anfällt, z.B. Gehälter für Verwaltungsmitarbeiter, Mieten für Büroräume

Variable Kosten: Teil der Gesamtkosten, dessen Höhe von der Ausbringungsmenge abhängig ist, z.B. Werkstoffkosten, Akkordlöhne

Dr. Uwe Kehrel
Institut für betriebswirtschaftliches Management
im Fachbereich Chemie und Pharmazie

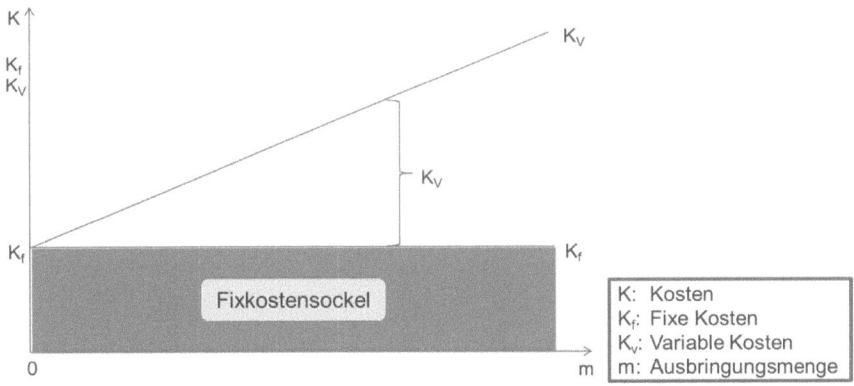

Abbildung 4: Darstellung Gesamtkosten.

Die Gesamtkosten setzten sich aus den fixen und variablen Kosten zusammen.

Grenzkosten: $\quad K' = \frac{\partial K}{\partial m} \quad$ Kosten der jeweils letzten Produktionseinheit

Durchschnittskosten: $k = \frac{Gesamtkosten\ K}{Ausbringungsmenge\ m}$ Stückkosten k

2.5 „Worin liegt das Ziel der Materialwirtschaft?"

Ziel der Materialwirtschaft ist die Minimierung aller Kosten, die mit der Beschaffung und Bereitstellung von Materialien verbunden sind. Bestandteile der Kostenminimierung sind die unmittelbaren Beschaffungskosten, wie z.B. die Materialeinkaufspreise, die mittelbaren Beschaffungskosten, z.B. Transportkosten oder Lagerkosten, z.B. Miete der Lagerräume sein.

2.6. „Das Unternehmen SKADO produziert Kleinwagen für den europäischen Raum. Führt eine ABC-Analyse durch. Es werden dort täglich folgende Materialien für den Bau der PKWs benötigt:

Dr. Uwe Kehrel
Institut für betriebswirtschaftliches Management
im Fachbereich Chemie und Pharmazie

Materialart	Täglicher Bedarf [ME]	Einzelpreis [€/ME]
A	1.500	6,00
B	850	15,80
C	10.000	9,00
D	150	860,00
E	15.000	0,24
F	40.000	0,04
G	5.000	2,60
H	17.500	0,18
I	1.000	12,40
K	12.000	0,16

Tabelle 7: Daten zur ABC-Analyse.

Dr. Uwe Kehrel
Institut für betriebswirtschaftliches Management
im Fachbereich Chemie und Pharmazie

Mate-rialart	Material-verbrauch pro Tag [ME]	Preis / ME	Wert des Gesamt-verbrauchs			Mate-rialart	Wert-verbrauch [%]	Kum. Wertver-brauch [%]
			in GE	in %	Rang			
A	1.500	6,00	9.000	3,25	6	D	46,55	46,55
B	850	15,80	13.430	4,85	3	C	32,48	79,03
C	10.000	9,00	90.000	32,48	2	B	4,85	83,88
D	150	860,00	129.000	46,55	1	G	4,69	88,57
E	15.000	0,24	3.600	1,3	7	I	4,47	93,04
F	40.000	0,04	1.600	0,58	10	A	3,25	96,29
G	5.000	2,60	13.000	4,69	4	E	1,3	97,59
H	17.500	0,18	3.150	1,14	8	H	1,14	98,73
I	1.000	12,40	12.400	4,47	5	K	0,69	99,42
K	12.000	0,16	1.920	0,69	9	F	0,58	100
	Σ 101.500		Σ 277.100	Σ100				

Tabelle 8: Lösung zur ABC-Analyse.

A – Teile: D, C → 0 - 80 %

B – Teile: B, G, I → 80 – 95 %

C – Teile: A, E, H, K, F → 95 – 100 %

Dr. Uwe Kehrel
Institut für betriebswirtschaftliches Management
im Fachbereich Chemie und Pharmazie

2.7   „Beschreibt die Grundproblematik der Bestellmengenplanung und berechnet die optimale Bestellmenge für folgende Daten:"

Jahresbedarf	15.000 Stück
Kosten/Stück	120 €
bestellfixe Kosten	400 €
pro Bestellung	
Lagerkosten	2%
Zinskosten	8%

Tabelle 9: Daten zur Bestellmengenplanung.

Ziel der Bestellmengenplanung ist die Ermittlung der Bestellmenge und des Bestellzeitpunkts für den im Planungszeitraum bestehenden Bedarf an Materialien, sodass die Bedarfsdeckung auf kostengünstigste Weise erfolgt und gleichzeitig angemessene Versorgungssicherheit aufrechterhalten wird.

Dazu ist die optimale Bestellmenge zu errechnen. Das Optimierungsproblem besteht vorrangig darin, dass sich die Lagerhaltungs- und Bestellkosten, die bei jedem Bestellvorgang auftreten, gegenläufig entwickeln. Während die Lagerhaltungskosten mit dem Lagerbestand ansteigen und man folgern könnte den Bestand daher so gering wie möglich zu halten, fallen bei jeder Bestellung bestellfixe Kosten an, was wiederum für wenige große Bestellmengen sprechen würde.

Formel für die optimale Bestellmenge:

$$m_{opt} = \sqrt{\frac{2 \times B \times K_f}{p \times q}}$$

Dr. Uwe Kehrel
Institut für betriebswirtschaftliches Management
im Fachbereich Chemie und Pharmazie

$$m_{opt} = \sqrt{\frac{2 \times 15.000 \times 400}{120 \times 0{,}1}} = 1.000 \text{ Stück}$$

m_{opt} = optimale Bestellmenge

B = Jahresbedarf

K_f = Bestellfixe Kosten pro Bestellung

p = Preis pro Mengeneinheit

q = (i+l) = zusammengefasster Zins- und Lagerkostensatz in % des Materialwerts

2.8   Mit der Beantwortung von Lennarts Fragen sind die Beiden fertig und sitzen nun an ihrer eigenen Aufgabe. „Wenn wir beginnen zu produzieren, gehen wir von 10.000 € (fixe Kosten), die für die Miete der Produktionshalle und der La-gerhalle anfallen, aus. Des Weiteren würden variable Stückkosten in Höhe von 200 € anfallen. Außerdem gehen wir von einem linearen Gesamtkostenverlauf aus. Im ersten Monat wollen wir 100 Verdünnungsgeräte herstellen. Wie be-stimmen wir denn nun genau die Gesamtkosten, die Grenzkosten, die Stückkos-ten, sowie die variablen und fixen Kosten?"

Kristina hat eine Idee: „Zunächst sollten wir die Gesamtkostenfunktion aufstellen. Diese lautet in unserem Fall:

K = 10.000 + 200*m. Wir haben als Ausbringungsmenge 100 Stück angesetzt. Somit ergibt sich für unsere Gesamtkosten K = 30.000 €."

„Genau. Um die Grenzkosten zu bestimmen, bilden wir die erste Ableitung der Ge-samtkostenfunktion. Daraus ergeben sich Grenzkosten in Höhe von k` = 200 € ", stimmt Alex ihr zu.

Dr. Uwe Kehrel
Institut für betriebswirtschaftliches Management
im Fachbereich Chemie und Pharmazie

„Die Bestimmung der variablen Stückkosten ist ja einfach. $k_v = 200$ €. Die fixen Stückkosten bestimmen wir durch die fixe Stückkostenfunktion $k_f = 10.000/m$. Durch das Einsetzen der Ausbringungsmenge, erhalten wir für $k_f = 100$ €. Also haben wir insgesamt Stückkosten von 300 €. Wir sind fertig! Das war ja wirklich nicht so schwer", stellt Kristina erleichtert fest.

Dr. Uwe Kehrel
Institut für betriebswirtschaftliches Management
im Fachbereich Chemie und Pharmazie

3.1 Absatz

Kristina und Alexander haben die Produktionsthematik gut verstanden und können aufbauend auf diese Grundlage nun beginnen, die Produktion ihres Verdünnungsgerätes zu planen. Auch müssen sie sich überlegen, ob sie alle Bestandteile ihres Verdünnungsgerätes selbst produzieren oder aber einige Bestandteile fremdproduzieren lassen wollen. Diesbezüglich hat Alexander bereits einige Angebote von Unternehmen eingeholt, die diese Leistungen anbieten.

Nebenbei machen sich die beiden noch Gedanken wie sie auf ihre Produktinnovation aufmerksam machen können und welche Kundenbedürfnisse sie mit ihrem Produkt befriedigen wollen. Letzteres ist schnell geklärt - die Zielgruppe ihres Produktes sind eindeutig Forscher in der Industrie oder an der Universität, die analytisch arbeiten und es leid sind Proben selbst zu verdünnen oder Verdünnungsreihen anzusetzen. Bevor sie jedoch mit der Konzepterstellung beginnen, möchte Lennart ihnen erst mal eine kleine Einführung in die Grundlagen der Absatzpolitik und des speziell des Marketings geben.

Während Alexander sich bereits darauf freut zu erfahren wie sie eine marktorientierte Unternehmensführung in ihrem Unternehmen aufbauen können, kann Kristina die ganze Aufregung um das Thema „Marketing" nicht verstehen: „Marketing ist für uns sowieso zu teuer und bringt letztendlich nichts. Also ich brauche es nicht und langfristig sind unsere zufriedenen Kunden die beste Werbung".

Kaum ist Kristina fertig mit ihrer Beschwerde klingelt es auch schon an der Tür und Lennart steht vor ihrer Wohnungstür: „Na, ihr Beiden? Ich konnte heute schon etwas früher Feierabend machen, wie seid ihr denn mit den letzten Fragen zu Recht gekommen?"

Dr. Uwe Kehrel
Institut für betriebswirtschaftliches Management
im Fachbereich Chemie und Pharmazie

„Es ist super gelaufen - so langsam werden wir richtige BWL-Profis!", freut sich Alex und Kristina stimmt ihm zu: „Ja, das stimmt und ich freue mich schon auf unser nächstes Thema, damit wir endlich mit der Konzepterstellung für Absatz und Marketing beginnen können." Kristina rollt mit den Augen. Als Lennart das bemerkt, fragt er natürlich sofort nach was los ist. „Dass wir über unseren Absatz sprechen müssen, kann ich ja nachvollziehen, aber warum wir das Marketing behandeln – das kann ich nicht verstehen! Wir können uns momentan doch eh noch keine Werbung leisten!", sagt Kristina mürrisch.

Lennart ist irritiert: „Langsam, langsam Kristina – du darfst Marketing nicht mit Werbung gleichsetzen. Darunter fällt noch eine Vielzahl von weiteren Aspekten! Und da ihr Beiden bis jetzt so gut vorangekommen seid, sollten wir schleunigst weiter machen. Auch ich war in der letzten Woche fleißig und hab einige Fragen für euch zusammengestellt. Am besten setzten wir uns jetzt sofort dran und beantworten die Fragen gemeinsam. Anschließend können wir dann an den Aasee fahren, gemeinsam grillen und uns dabei ein passendes Konzept für euch überlegen."

Kristina hatte gehofft sich in dieser Woche etwas zurückziehen zu können und ist daher nicht so begeistert von Lennarts Idee die Aufgaben sofort zu bearbeiten. Sein ergänzender Vorschlag ihr zukünftiges Konzept bei einem gemeinsamen Grillen am Aasee zu besprechen, kann sie letztendlich aber doch noch überzeugen.

Könnt ihr unseren Chemikern helfen, damit sie schnellstmöglich fertig werden und zum Grillen an den Aasee können?

3.1   „Nennt die Unterschiede zwischen einem Käufer- und einem Verkäufermarkt. In welchem Markt befinden wir uns zurzeit?"

Dr. Uwe Kehrel
Institut für betriebswirtschaftliches Management
im Fachbereich Chemie und Pharmazie

3.2. „Welche drei Teilbereiche der Absatzplanung werden unterschieden und wie hängen sie zusammen?

3.3 „Die Verhaltensforschung unterscheidet zwischen impulsiven, habitualisierten, extensiven und limitierten Kaufentscheidungen. Wie lassen sich die folgenden Beispiele den einzelnen Typen zuordnen?

a) Nachdem Herr Nikolaus auf einem ausgedehnten Weihnachtsmarkt drei Bäume der mittleren Preisklasse und Größe in Augenschein genommen hat, entscheidet er sich mangels nennenswerter Qualitätsunterschiede für den ersten.

b) Überwältigt vom Gipfelerlebnis erwirbt Herr Waterkant an der Bergstation der Zugspitzbahn einen Trachtenhut.

c) Sonniges Winterwetter und ein günstiges Sonderangebot im Kaufhaus beflügeln Frau Sponti, die eigentlich einen Tennisschläger erstehen wollte, zum Kauf von Lauflaufskiern.

d) Im achten Juweliergeschäft findet ein Brautpaar endlich die Trauringe, die es schon immer gesucht hatte.

e) Unbeirrt von Sonderangeboten kauft Frau Stetig immer nur die streichfähige Teewurst mit der roten Plombe.

f) Nach langer Prüfung und abschließender Lektüre einer Verbraucherzeitschrift entschließt sich Herr Gründlich zum Abschluss einer Lebensversicherung bei der Securitas AG.

g) Liebling will seiner Freundin zum Geburtstag eine Handtasche schenken. Glücklicherweise wird er schon im zweiten Geschäft fündig, denn seine Mittagspause ist sehr kurz.

h) Beim Discounter um die Ecke kauft ein Stadtstreicher die Rotweinmarke, an die er sich gewöhnt hat.

Dr. Uwe Kehrel
Institut für betriebswirtschaftliches Management
im Fachbereich Chemie und Pharmazie

3.4 „Definiert den Begriff „Marktsegmentierung". Was ist der Zweck einer Markt-segmentierung, welche Kriterien könnt ihr zur Segmentierung eines Marktes heranziehen?"

3.5 „Was versteht man unter dem Marketing-Mix?"

3.6 „Erläutert die Aufgabe der Produktpolitik und beschreibt die in diesem Kontext zur Verfügung stehenden Instrumente."

3.7 Gebt eine Einschätzung ab wie die Elastizität der Nachfrage für folgende Güter bei einer Preiserhöhung aussehen würde:

a) Bananen

b) Salz

c) Medikamente gegen Herzrhythmusstörungen

d) Städte-Reisen

e) Zigaretten insgesamt

f) Zigaretten einer bestimmten Marke

3.8 „Errechnet anhand der folgenden Angaben die langfristige und kurzfristige Preisuntergrenze für das Unternehmen BFSA Coatings."

Einstandspreis:	32 €/l
Verkaufspreis:	53,12 €/l
Fixkosten:	80.000 €
Kapazitätsgrenze:	50.000 l

Dr. Uwe Kehrel
Institut für betriebswirtschaftliches Management
im Fachbereich Chemie und Pharmazie

3.9 „In welche Teilbereiche gliedert sich die Kommunikationspolitik? Welche Aufgaben haben diese Teilbereiche?"

3.10 „Was ist der Unterschied zwischen Werbung und Verkaufsförderung?"

Dr. Uwe Kehrel
Institut für betriebswirtschaftliches Management
im Fachbereich Chemie und Pharmazie

3.2 Lösung zum Thema Absatz

3.1 „Nennt die Unterschiede zwischen einem Käufer- und einem Verkäufermarkt.
In welchem Markt befinden wir uns zurzeit?"

Merkmal	Verkäufermarkt (ungesättigter Markt)	Käufermarkt (gesättigter Markt)
Wirtschaftliches Entwicklungsstadium	Knappheitswirtschaft	Überflusswirtschaft
Verhältnis Angebot zu Nachfrage	Nachfrage > Angebot (Nachfrageüberhang), Nachfrager aktiver als Anbieter	Angebot > Nachfrage (Angebotsüberhang), Anbieter aktiver als Nachfrager
Engpassbereich der Unternehmung	Beschaffung und/oder Produktion	Absatz
Primäre Anstrengung der Unternehmung	Rationelle Erweiterung der Beschaffungs- und Produktionskapazität	Weckung von Nachfrage und Schaffung von Präferenzen für eigenes Angebot

Tabelle 10: Unterschiede zwischen Verkäufer- und Käufermarkt.

In der westlichen Industriegesellschaft ist der Käufermarkt vorherrschend. Ein Beispiel für einen Verkäufermarkt wäre der Mineralölmarkt. Selbst wenn dort die Preise ansteigen, würde die Nachfrage tendenziell nicht sinken.

Dr. Uwe Kehrel
Institut für betriebswirtschaftliches Management
im Fachbereich Chemie und Pharmazie

3.2 „Welche drei Teilbereiche der Absatzplanung werden unterschieden und wie hängen sie zusammen?

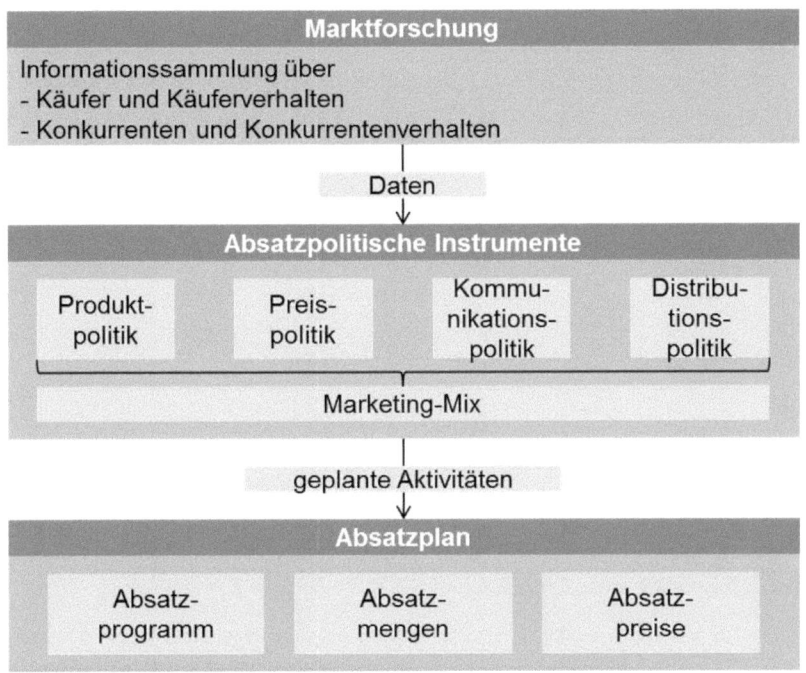

Abbildung 5: Teilbereiche der Absatzplanung.

Der erste Bereich, die Marktforschung, sammelt Informationen über die potentiellen Käufer eines Produktes und das spezifische Käuferverhalten. Basierend auf diesen Daten werden die absatzpolitischen Instrumente (der Marketing Mix) ausgerichtet. Daraus resultieren dann letztendlich die geplanten Aktivitäten, die im Rahmen des Absatzplanes, bestehend aus Absatzprogramm, -mengen und -preisen implementiert werden.

Dr. Uwe Kehrel
Institut für betriebswirtschaftliches Management
im Fachbereich Chemie und Pharmazie

3.3　„Die Verhaltensforschung unterscheidet zwischen impulsiven, habitualisierten, extensiven und limitierten Kaufentscheidungen. Wie lassen sich die folgenden Beispiele den einzelnen Typen zuordnen?"

a) Limitierte Kaufentscheidung

b) Impulsive Kaufentscheidung

c) Impulsive Kaufentscheidung

d) Extensive Kaufentscheidung

e) Habitualisierte　Kaufentscheidung

f) Extensive Kaufentscheidung

g) Limitierte Kaufentscheidung

h) Habitualisierte　Kaufentscheidung

3.4　„Definiert den Begriff „Marktsegmentierung". Was ist der Zweck einer Marktsegmentierung, welche Kriterien könnt ihr zur Segmentierung eines Marktes heranziehen?"

Marktsegmentierung meint die Unterteilung in homogene Käufergruppen. Dies dient zur Strukturierung der Nachfragegesamtheit in einzelne Nachfragegruppen, wodurch eine gezielte Bearbeitung des Marktes ermöglicht wird. Außerdem wird die Markttransparenz erhöht. Folgende Segmentierungskriterien können herangezogen werden:

Segmentierungskriterien			
Geographische Kriterien	Demographische Kriterien	Sozialpsychologische Kriterien	Verhaltensbezogene Kriterien
• Land • Region • Stadt • Wohngebiet	• Alter • Geschlecht • Beruf • Einkommen	• Persönlichkeit - sparsam - kontaktfreudig • Soziale Schicht	• qualitäts- bewusst • preisbewusst • prestige- bewusst • markentreu

Abbildung 6: Segmentierungskriterien.

Dr. Uwe Kehrel
Institut für betriebswirtschaftliches Management
im Fachbereich Chemie und Pharmazie

3.5   „Was versteht man unter dem Marketing-Mix?"

Abbildung 7: Der Marketing-Mix und seine vier Bestandteile.

Als Marketing-Instrumente bezeichnet man alle Maßnahmen, die zur Reduzierung von Absatzwiderständen und zur Stärkung der eigenen Wettbewerbsposition dienen.

Unter Marketing-Mix werden vier absatzpolitische Instrumente zusammengefasst, die aufgrund ihrer englischen Bezeichnungen auch als die „vier P's" bekannt sind. Dabei handelt es sich um die Produktpolitik, Preispolitik, Kommunikationspolitik und Distributionspolitik.

3.6   „Erläutert die Aufgabe der Produktpolitik und beschreibt die in diesem Kontext zur Verfügung stehenden Instrumente."

Dr. Uwe Kehrel
Institut für betriebswirtschaftliches Management
im Fachbereich Chemie und Pharmazie

Aufgrund technischen Fortschritts auf der Anbieterseite und Bedarfsverschiebung auf der Kundenseite steht jeder Anbieter ständig vor der Herausforderung seine Produkte bzw. Dienstleistungen anzupassen. Die daraus resultierende Aufgabe der Produktpolitik ist es durch Produktinnovation, Produktdiversifikation und Produkteliminierung die Qualität, das Sortiment bzw. die Dienstleistung so einzustellen, dass der Kunde zufrieden gestellt ist. Dabei wird nicht von Produktvariation gesprochen, wenn ein bereits bestehendes Produkt modifiziert wird, sondern wenn ein neues Produkt eingeführt wird. Hierbei wird zwischen Produktdifferenzierung und Produktdiversifikation unterschieden.

Eine Produktdifferenzierung liegt vor, wenn eine weitere Produktvariante zum Absatzprogramm hinzugefügt wird, z.B. wenn eine Limousine nun auch als Combi-Modell angeboten wird. Von einer Produktdiversifikation spricht man dagegen, wenn ein Unternehmen eine komplett neue Produktlinie auf den Markt bringt, z.B. wenn ein Automobilhersteller beispielsweise auch Fahrräder verkaufen würde. Die Diversifikation kann dabei horizontal, vertikal oder lateral sein. Eine horizontale Diversifikation ist die Einführung verwandter Produktarten gleicher Wirtschaftsstufen. Vertikale Diversifikation ist die Ausweitung der Unternehmenstätigkeiten auf vor- oder nachgelagerte Wirtschaftsstufen. Laterale Diversifikation bezeichnet die Auslagerung von Unternehmensaktivitäten auf völlig artfremde Branchen.

Dr. Uwe Kehrel
Institut für betriebswirtschaftliches Management
im Fachbereich Chemie und Pharmazie

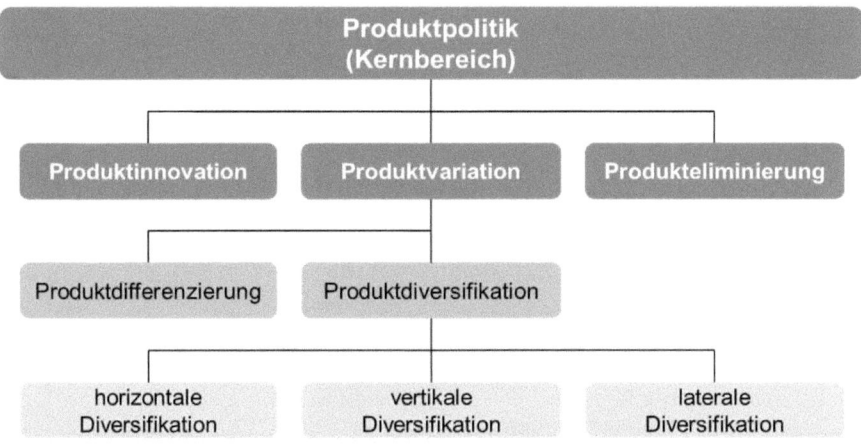

Abbildung 8: Die Kernbereiche der Produktpolitik.

3.7 „Gebt eine Einschätzung ab wie der Elastizitätsgraph der Nachfrage für folgende Güter bei einer Preiserhöhung aussehen würde:"

Je senkrechter der Graph verläuft umso elastischer ist die Nachfrage und umgekehrt.

a) Bananen: eher elastisch, kann durch Vitamine oder anderes Obst substituiert werden

b) Salz: kann nicht gut substituiert werden → nicht so elastisch wie Bananen

c) Medikamente gegen Herzrhythmusstörungen: vollkommen unelastisch, da notwendig zum Überleben

d) Städte-Reisen: eher elastisch, da Luxusgut

e) Zigaretten insgesamt: unelastisch, aufgrund von Abhängigkeit

f) Zigaretten einer bestimmten Marke: sehr elastisch, Wechsel zu anderer Marke

Dr. Uwe Kehrel
Institut für betriebswirtschaftliches Management
im Fachbereich Chemie und Pharmazie

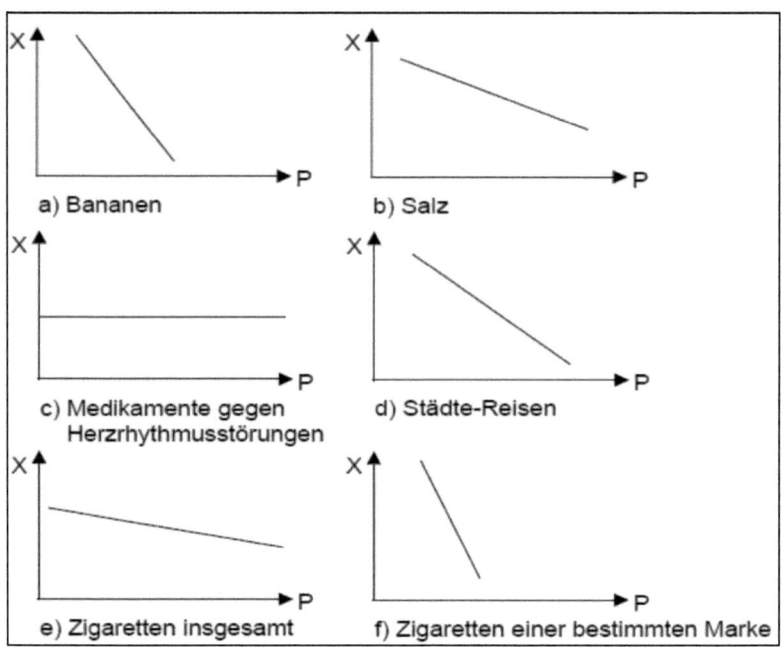

Abbildung 9: Die Elastizitätsgraphen der Nachfrage für verschiedene
Güter.[1]

---

[1] Quelle: Bruhn 2007, Marketing: Grundlagen für Studium und Praxis

Dr. Uwe Kehrel
Institut für betriebswirtschaftliches Management
im Fachbereich Chemie und Pharmazie

3.8 „Errechnet anhand der folgenden Angaben die langfristige und kurzfristige Preisuntergrenze für das Unternehmen BFSA Coatings.“

Einstandspreis: 32 €/l

Verkaufspreis: 53,12 €/l

Fixkosten: 80.000 €

Kapazitätsgrenze: 50.000 l

K = 80.000 + 32 m

Kurzfristige Preisuntergrenze:

Die kurzfristige Preisuntergrenze entspricht den variablen Durchschnittskosten k_v, daher beträgt sie hier 32 €/l. Die Fixkosten sind kurzfristig nicht abbaubar und sind somit nicht entscheidungsrelevant.

Langfristige Preisuntergrenze:

Die langfristige Preisuntergrenze entspricht den Durchschnittskosten k. Die $PUG_{langfr.}$ ist dann erreicht, wenn der Preis bis auf die Durchschnittskosten der maximalen Kapazitätsgrenze gesunken ist → m = 50.000

K = 80.000 + 32 x 50.000 = 1.680.000
k = 1.680.000 / 50.000 = 33,60 €

Das heißt BFSA muss mindestens 33,60 € pro Liter Lack erlösen um auf lange Sicht die Gesamtkosten zu decken.

Dr. Uwe Kehrel
Institut für betriebswirtschaftliches Management
im Fachbereich Chemie und Pharmazie

3.9 „In welche Teilbereiche gliedert sich die Kommunikationspolitik? Welche Aufgaben haben diese Teilbereiche?"

Teilbereich	Teilaufgabe
(Media-)Werbung	Durch den Einsatz von breit gestreuten Werbemedien sollen Nachfrager zum Kauf angeregt werden.
Verkaufsförderung	Durch gezielte Maßnahmen am Ort des Verkaufes sollen Abnehmer zum Kauf angeregt werden.
Öffentlichkeitsarbeit	Die Einstellung der Öffentlichkeit zur Unternehmung soll positiv beeinflusst werden.
Persönlicher Verkauf	Ein schlagkräftiger Außendienst soll in direktem Gespräch den Kunden informieren und zum Kauf anregen.

Tabelle 11: Teilbereiche der Kommunikationspolitik und ihre Aufgaben.

3.10 „Was ist der Unterschied zwischen Werbung und Verkaufsförderung?"

Werbung kennzeichnet den bewussten Versuch, Marktpartner mit Hilfe eines spezifischen Mix an Mitteln zu einem bestimmten, unternehmenspolitischen Zielen dienenden Verhalten zu veranlassen. Im Gegensatz dazu versucht die Verkaufsförderung den schnellen Absatzerfolg durch die gezielte Beeinflussung von Personen, wie beispielsweise durch das Anbieten von Schulungen und Motivationsprämien für die Verkäufer der Produkte.

Dr. Uwe Kehrel
Institut für betriebswirtschaftliches Management
im Fachbereich Chemie und Pharmazie

Nachdem Kristina gemeinsam mit Alexander und Lennart alle Aufgaben zum Thema Absatz bearbeitet hatte, ist auch ihr klar geworden, dass ihre Einschätzung hinsichtlich der Wichtigkeit von Marketingmaßnahmen falsch war und Marketing aus mehr als nur „Werbung" besteht. Gemeinsam schwingen sich die drei Freunde auf ihre Räder und machen sich schnell auf den Weg zum Aasee um dort mit anderen Freunden zu grillen.

Dr. Uwe Kehrel
Institut für betriebswirtschaftliches Management
im Fachbereich Chemie und Pharmazie

4.1 Investition

Nach dem letzten Treffen und anschließendem Grillen muss Lennart für zwei Wochen auf eine Geschäftsreise nach München. Damit die Beiden sich bereits ein paar Gedanken machen können, hat er ihnen bereits das Thema für die nächsten Treffen genannt „Investition und Finanzierung". Obwohl sich Alex bei dem Gedanken an diesen Themenbereich zunächst gruselt, nutzt er die Zeit um sich mit dem Gebiet vertraut zu machen.

Nach exakt zwei Wochen ruft er auf Lennarts Handy an: „Hallo Lennart, hier ist Alex! Bist du schon wieder in Münster oder noch auf Geschäftsreise? Wir haben uns ja schon ewig nicht mehr gesehen! In dieser Woche wollen wir mit unserer Investitionsplanung beginnen und haben uns auch schon einige Gedanken gemacht, aber ich befürchte ohne deine Unterstützung wird das hier nichts. Hättest du nicht Lust morgen bei uns in der WG vorbei zu kommen?". „Hallo Alex, ich bin gerade aus dem Zug ausgestiegen! Klar, dann komme ich morgen vorbei. Ich habe sogar eine kleine bayerische Überraschung für euch – weil ihr so fleißig gewesen seid. Also bis morgen!"

Am nächsten Morgen sitzen die Drei bei Kristina und Alexander zusammen. „So, als kleine Belohnung weil ihr in der letzten Zeit so tolle Fortschritte gemacht habt, habe ich euch alle Zutaten für ein ordentliches Weißwurstfrühstück mitgebracht", sagt Lennart. Kristina als eingefleischter BVB Fan ist eher skeptisch, aber Alex freut sich, schlägt aber vor erst nach der Besprechung der Aufgaben eine kleine bayerische Brotzeit, inklusive Weißbier, einzulegen. Die anderen Beiden sind einverstanden.

Dr. Uwe Kehrel
Institut für betriebswirtschaftliches Management
im Fachbereich Chemie und Pharmazie

„Wie ihr euch sicher denken könnt, habe ich auch schon etwas für euch vorbereitet, das euch den Einstieg erleichtern soll", Lennart deutet auf einen Zettel mit neuen Fragen und einem kleinen Stapel Fachliteratur. Alexander zieht den Stapel zu sich herüber: „Dann lass mal sehen, was du dir dieses Mal für uns ausgedacht hast!"

4.1   „Erläutert die Begriffe „Investition" und „Finanzierung."

4.2   „Welche Arten von Investitionen werden im Rahmen von einem Unternehmenskauf unterschieden. Erläutert diese."

4.3   „Erläutert die Begriffe der Investitionsplanung und Investitionsrechnung!"

Kristina ist begeistert: „Das sind ja nur drei Fragen! Also machen wir die jetzt schnell und dann schlemmen wir gemeinsam!" „Warte, nicht ganz so schnell! Ich habe für euch noch zwei Beispielaufgaben vorbereitet", Lennart grinst, auch wenn er hier den strengen Lehrmeister spielt, freut er sich insgeheim auch schon auf ein deftiges Frühstück.

4.4   „Wie viele Perioden wird es dauern bis sich die Anschaffungsauszahlung durch Kapitalrückflüsse amortisiert hat und welche Kritikpunkte gibt es hinsichtlich der statischen Investitionsrechnung? Nehmt dafür an die Anschaffungsauszahlungen A_0 betragen 100.000 € und den jährlichen Einzahlungen von 60.000 €, stehen Auszahlungen von 40.000 € gegenüber.

Dr. Uwe Kehrel
Institut für betriebswirtschaftliches Management
im Fachbereich Chemie und Pharmazie

4.5   „Schaut euch mal die folgende Beispielaufgabe an:"

Zur Errichtung einer neuen Produktionsanlage stehen zwei Investitionsalternativen zur Verfügung. Jede Investition ist mit Anschaffungsauszahlungen in Höhe von 150.000 Euro in t=0 verbunden. Für die Investition stehen 100.000 Euro Fremdkapital und 50.000 Euro Eigenkapital zur Verfügung. Die Fremdkapitalgeber verlangen eine Verzinsung von 5,5%, die Eigenkapitalgeber eine Verzinsung von 10%. Berechnen Sie auf Basis dieser und der folgenden Daten den Kapitalwert der Investitionen zum Zeitpunkt t=0. Welche ist vorteilhaft?

Investition	t1	t2	t3	t4
A				
Einzahlungen	50.000	70.000	95.000	95.000
Auszahlungen	-40.000	-45.000	-30.000	-35.000
	10.000	25.000	65.000	60.000
B				
Einzahlungen	105.000	180.000	150.000	40.000
Auszahlungen	-65.000	-70.000	-70.000	-70.000
	40.000	110.000	80.000	-30.000

Tabelle 12: Daten zur Investitionsentscheidung.

Kristina und Alexander machen sich sofort an die Arbeit, könnt ihr ihnen helfen, damit sie ihr Frühstück genießen können?

Dr. Uwe Kehrel
Institut für betriebswirtschaftliches Management
im Fachbereich Chemie und Pharmazie

4.2 Lösung zum Thema Investition

Die Antworten auf Lennarts Fragen waren schnell gefunden und der bayerischen Auszeit stand nichts mehr im Wege. Hier sind die Lösungen von Kristina und Alexander:

4.1 „Erläutert die Begriffe „Investition" und „Finanzierung"."

Investition: Verwendung finanzieller Mittel

Die heutige Hingabe von Geld (=Auszahlung) erfolgt in der Absicht, mit dem Mitteleinsatz einen höheren Geldrückfluss (=Einzahlung) in Zukunft zu Erreichen

Finanzierung: Bereitstellung finanzieller Mittel, die zur Durchführung einer Investition benötigt werden

Investitions- und Finanzierungsentscheidungen sind unmittelbar miteinander verbunden.

4.2 „Welche Arten von Investitionen werden im Rahmen von einem Unternehmenskauf unterschieden. Erläutern sie diese."

Wenn ein gesamtes Unternehmen erworben wird, kann das ebenfalls als Investition angesehen werden. Der Käufer übernimmt dabei eine Zusammensetzung aus Sachinvestitionen, Finanzinvestitionen und immateriellen Investitionen, die auch als Substanzwert bezeichnet werden können.

Sachinvestitionen:	Erwerb von Grundstücken und Maschinen
Finanzinvestitionen:	Erwerb von Wertpapieren und Beteiligungen
*Immaterielle Investition*en:	Erwerb von Patenten und Konzessionen

Dr. Uwe Kehrel
Institut für betriebswirtschaftliches Management
im Fachbereich Chemie und Pharmazie

Der Kaufpreis für ein Unternehmen ist dabei jedoch nicht nur abhängig vom Substanzwert, sondern im Wesentlichen von den Ertragsaussichten des Unternehmens, also dem zukünftigen Erfolg.

4.3 „Erläutert die Begriffe der Investitionsplanung und Investitionsrechnung!"

Die **Investitionsplanung** ist ein Bestandteil der Unternehmensgesamtplanung. Gegenstand der Investitionsplanung sind drei Bestandteile:

- Optimierung der Investitionsentscheidung
- Realisierung des Investitionsprojekts
- Kontrolle des Investitionsprojekts

Da Investitionsentscheidungen mit hohem Kapitaleinsatz, langfristiger Kapitalbindung und weitreichenden Wirkungen in anderen Unternehmensbereichen verbunden sind, sind sie sowohl in der Theorie als auch in der Praxis von großer Bedeutung. Die Planung ist dabei ein stufenweiser Prozess, der aus verschiedenen Stufen besteht:

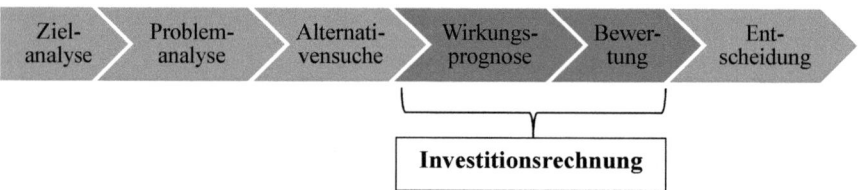

Abbildung 10: Der Investitionsplanungsprozess

Die **Investitionsrechnung** ist ein wichtiger Bestandteil der Investitionsplanung. Sie hat zur Aufgabe die finanziellen Wirkungen einer geplanten Investition zu prognostizieren und die dabei gewonnenen monetären Daten so zu verdichten, dass eine zielkonforme Investitionsentscheidung getroffen werden kann (Wirkungsprognose). Da-

Dr. Uwe Kehrel
Institut für betriebswirtschaftliches Management
im Fachbereich Chemie und Pharmazie

rauf aufbauend muss der künftige Erfolg einer Investition prognostiziert und bewertet werden (Bewertung).

4.4 „Wie viele Perioden wird es dauern bis sich die Anschaffungsauszahlung durch Kapitalrückflüsse amortisiert hat und welche Kritikpunkte gibt es hinsichtlich der statischen Investitionsrechnung? Nehmt dafür an die Anschaffungsauszahlungen A_0 betragen 100.000 und den jährlichen Einzahlungen von 60.000, stehen Auszahlungen von 40.000 gegenüber.

Rechnung

A_0= 100.000

Ø Cash Flow (CF) = 60.000 - 40.000 = 20.000

$$\text{Amortisationsdauer (AD)} = \frac{A_0}{\varnothing\, CF}$$

$$AD = \frac{100.000}{20.000} = 5\, Jahre$$

Nach 5 Jahren hat sich die Anschaffungsauszahlung durch Kapitalrückflüsse amortisiert.

Kritik statische Investitionsrechnung:

Die statische Investitionsrechnung geht von einer fiktiven Jahres-Abrechnungsperiode sowie von periodisierten Erfolgsgrößen (Kosten/Erlöse) aus, wodurch es u.a. zu Planungs-ungenauigkeiten kommen kann. Daher werden in der Praxis die dynamischen Verfahren bevorzugt.

Dr. Uwe Kehrel
Institut für betriebswirtschaftliches Management
im Fachbereich Chemie und Pharmazie

4.5 „Schaut euch mal die folgende Beispielaufgabe an:"

Zur Errichtung einer neuen Produktionsanlage stehen zwei Investitionsalternativen zur Verfügung. Jede Investition ist mit Anschaffungsauszahlungen in Höhe von 150.000 Euro in t=0 verbunden. Für die Investition stehen 100.000 Euro Fremdkapital und 50.000 Euro Eigenkapital zur Verfügung. Die **Fremdkapitalgeber** verlangen eine **Verzinsung von 5,5%**, die **Eigenkapitalgeber** eine **Verzinsung von 10%**. Berechnen Sie auf Basis dieser und der folgenden Daten den Kapitalwert der Investitionen zum Zeitpunkt t=0. Welche ist vorteilhaft?

Investition	t1	t2	t3	t4
A				
Einzahlungen	50.000	70.000	95.000	95.000
Auszahlungen	-40.000	-45.000	-30.000	-35.000
	10.000	25.000	65.000	60.000
B				
Einzahlungen	105.000	180.000	150.000	40.000
Auszahlungen	-65.000	-70.000	-70.000	-70.000
	40.000	110.000	80.000	-30.000

Tabelle 13: Daten zur Investitionsentscheidung.

Zur möglichst realitätsnahen Abbildung und zur Berücksichtigung des Investitionsrisikos sollten wir zunächst den gewogenen durchschnittlichen Zinssatz (i_{GK}) aus den Verzinsungsangaben der Eigenkapitalgeber (i_{EK}) und der Fremdkapitalgeber (i_{FK}) ableiten – auch als Weighted Average Cost of Capital (WACC) bezeichnet.

Dr. Uwe Kehrel
Institut für betriebswirtschaftliches Management
im Fachbereich Chemie und Pharmazie

Berechnung WACC:

Gegeben:

FK   = 100.000   EK   = 50.000

i_{FK} = 5,5 % i_{EK} = 10 %

GK   = 150.000

Gesucht:

i_{GK}

Formel:

$$i_{GK} = i_{EK} * \frac{EK}{GK} + i_{FK} * \frac{FK}{GK}$$

$$i_{GK} = 0,1 * \left(\frac{50.000}{150.000}\right) + 0,055 * \left(\frac{100.000}{150.000}\right)$$

$$i_{GK} = 0,07 = 7\%$$

Ziel der Kapitalwertmethode ist es, die relative Vorteilhaftigkeit einer Investition zu bewerten. Die Investition mit dem höchsten Kapitalwert (bei gleichem kalk. Zins) wird dann realisiert.

Kapitalwertmethode (Net Present Value /NPV):

$$C_0 = -A_0 + \sum_{t=1}^{n}(E_t - A_t) \times (1 + i)^{-t}$$

Dr. Uwe Kehrel
Institut für betriebswirtschaftliches Management
im Fachbereich Chemie und Pharmazie

Gegeben:

Anschaffungsauszahlungen in t_0: A_0 = -150.000

$E_t - A_t$ = Barwert der laufenden Einzahlungsüberschüsse

t = 4 Perioden

i = 0,07

Gesucht:

Kapitalwert der Investition zum Zeitpunkt t = 0: C_0

A)

C_0= -150.000 + [(10.000 x $1,07^{-1}$) + (25.000 x $1,07^{-2}$) + (65.000 x $1,07^{-3}$) + (60.000 x $1,07^{-4}$)]

$\quad$ = -19.985,163 €

B)

C_0= -150.000 + [(40.000 x $1,07^{-1}$) + (110.000 x $1,07^{-2}$) + (80.000 x $1,07^{-3}$) + (-30.000 x $1,07^{-4}$)]

$\quad$ = 25.878,411 €

Beim Vergleich beider Investitionsalternativen fällt auf, dass Investition A negativ ist. Da Investition B einen positiven Kapitalwert hat, ist Investition B vorteilhaft.

Dr. Uwe Kehrel
Institut für betriebswirtschaftliches Management
im Fachbereich Chemie und Pharmazie

5.1 Finanzierung

Damit Kristina und Alexander ihr eigenes Unternehmen möglichst bald ins Leben rufen können, hat Lennart beschlossen ein paar Überstunden abzubauen sich nun täglich mit seinen Freunden zu treffen um einen anderen Themenbereich zu besprechen. Also sitzen die beiden Chemiker schon am nächsten Tag wieder bei Lennart und lassen sich eine Einführung in die Aufgaben zum Bereich Finanzierung geben. „Ihr habt ja bereits gelernt, dass Investition und Finanzierung eng miteinander verknüpft sind, aber könnt ihr mir nochmal in ein paar Wörtern den Zusammenhang erklären?" Kristina, die sich während Lennarts Geschäftsreise auch schon die Finanzierungsthematik angeschaut hat, erwidert sofort: „Ja, um eine Investition überhaupt durchführen zu können, ist erstmal eine Bereitstellung von finanziellen Mitteln nötig". Lennart ist begeistert: „Klasse Kristina, das ist genau richtig! Damit ihr euch im Finanzdschungel zu Recht findet, wollen wir uns dieses Kapitel nun noch etwas genauer anschauen."

5.1   „Erklärt kurz welche Finanzierungsformen es gibt und nach welchen Kriterien sie unterschieden werden können."

5.2   „Welche Ziele verfolgt ein Unternehmen grundsätzlich mit der Finanzplanung?"

5.3   „Erläutert die möglichen Verfahren der Innenfinanzierung."

5.4   „Erläutert das Prinzip des Leverage-Effektes."

Dr. Uwe Kehrel
Institut für betriebswirtschaftliches Management
im Fachbereich Chemie und Pharmazie

Das waren vier Einführungsfragen, jetzt habe ich für euch eine Beispielaufgabe zum Stichwort Liquiditätskennziffern vorbereitet:

5.5 Beispiel zu Liquiditätskennziffern

„Die Firma SOLVENZ hat zum 31.12.11 folgende Bilanz (TEUR) erstellt:

Aktiva		Bilanz zum 31.12.11	Passiva	
Grundstücke	180	Eigenkapitel	90	
Geschäftsausstattung	30	Rückstellungen	60	
Langfristige Darlehensforderungen	70	Langfristige Darlehensverbindlichkeiten	150	
Warenvorräte	50	Kurzfristige Darlehensverbindlichkeiten	70	
Forderungen aus Lieferungen und Leistungen	40	Lieferantenverbindlichkeiten	30	
Zahlungsmittel	30			
	400		400	

Tabelle 14: Bilanz zum 31.12.11 der SOLVENZ.

a. Wie hoch ist die Liquidität 1., 2. bzw. 3. Grades für das obige Beispiel?

b. Was besagt die Liquidität 3. Grades?

Dr. Uwe Kehrel
Institut für betriebswirtschaftliches Management
im Fachbereich Chemie und Pharmazie

c. Die Firma SOLVENZ muss gleich zu Beginn der Periode 02 damit rechnen, dass

- Löhne in Höhe von 25 TEUR zu zahlen sind und

- 20% der langfristigen Darlehensverbindlichkeiten zur Rückzahlung fällig werden.

Sichert unter diesen Bedingungen eine Liquidität 3. Grades in Höhe von 120% die Zahlungsfähigkeit der Firma SOLVENZ in Periode 02?"

5.6 „Welche Vorzüge existieren für börsenorientierte Aktien aus Anlegersicht?"

5.7 „Welche Finanzierungsform stellt für Unternehmen eine Alternative dar, wenn bereits die drei üblichen Finanzierungsquellen erschöpft sind?"

Da Kristina und Alexander so kurz vor der Eröffnung ihres Unternehmens einen engen Zeitplan haben, wäre ihnen Eure Hilfe sehr willkommen!

Dr. Uwe Kehrel
Institut für betriebswirtschaftliches Management
im Fachbereich Chemie und Pharmazie

5.2 Lösung zum Thema Finanzierung

Dank eurer Hilfe haben die beiden Chemiker die Aufgaben zum Thema Finanzierung schnell gemeistert. Hier ihre Lösungen:

5.1 „Erklärt kurz welche Finanzierungsformen es gibt und nach welchen Kriterien sie unterschieden werden können."

Wenn Kapital von außen in den Betrieb eingebracht wird, bspw. durch eine Kreditaufnahme, nennt man das Außenfinanzierung. Als Innenfinanzierung bezeichnet man die Erhöhung des Zahlungsmittelbestandes, z.B. durch den Barverkauf einer Maschine. Unterschieden nach der Rechtsstellung der Kapitalgeber folgt die Einteilung in Eigenfinanzierung und Fremdfinanzierung.

Abbildung 11: Finanzierungsformen

Dr. Uwe Kehrel
Institut für betriebswirtschaftliches Management
im Fachbereich Chemie und Pharmazie

5.2 „Welche Ziele verfolgt ein Unternehmen grundsätzlich mit der Finanzplanung?"

Als übergeordnetes Ziel des Unternehmens kann die langfristige Gewinnmaximierung bezeichnet werden. Beruhend darauf hat die Finanzplanung zum Ziel die kostengünstigste Finanzierungsalternative zu wählen und somit den Kapitalbereich zu optimieren. Darüber hinaus sollte die Finanzplanung jedoch auch den Zahlungsbereich berücksichtigen. Das geschieht indem sie ebenso die Sicherung der Zahlungsbereitschaft als Ziel hat, indem die Einzahlungen den Auszahlungen entsprechen oder sie übersteigen.

5.3 „Erläutert mögliche Verfahren der Innenfinanzierung."

Es sind drei Verfahren der Innenfinanzierung üblich:

- Selbstfinanzierung durch Gewinnthesaurierung: Einbehaltung von Gewinnen
- Finanzierung durch Vermögensumschichtung, z.B. Verkauf Firmenwagen
- Finanzierung durch Rückstellungsbildung: Verwendung verfügbarer Zahlungsmittel aufgrund nicht-zahlungswirksamer Rückstellungsbildung

5.4 „Erläutert das Prinzip des Leverage-Effektes."

Der Begriff *Leverage-Effekt* (aus dem Englischen für Hebeleffekt) wird in der Finanzwirtschaft genutzt, um Situationen zu beschreiben, in denen kleine Variationen einer Einflussgröße zu einer massiven Änderung im Resultat führen. Bezogen auf die Kapitalstruktur eines Unternehmens wird unter dem Leverage-Effekt die Hebelwirkung der Finanzierungskosten des Fremdkapitals auf die Eigenkapitalverzinsung verstanden.

So ist eine Steigerung der Eigenkapitalrendite einer Investition durch Einsatz von Fremdkapital möglich. Allerdings geschieht dies nur, wenn ein Anleger Fremdkapital

Dr. Uwe Kehrel
Institut für betriebswirtschaftliches Management
im Fachbereich Chemie und Pharmazie

zu günstigeren Konditionen aufnehmen kann als die Investition an Gesamtkapitalrentabilität erzielt.

5.5 Beispiel zu Liquiditätskennziffern

a. Wie hoch ist die Liquidität 1., 2. bzw. 3. Grades?

$$1.\,\text{Grades} = \frac{\text{Zahlungsmittel (ZM)}}{\text{kurzfristige Verbindlichkeiten}} \cdot 100 = \frac{30}{100} \cdot 100 = 30\%$$

$$2.\,\text{Grades} = \frac{(\text{ZM}) + \text{kurzfristige Forderungen}}{\text{kurzfristige Verbindlichkeiten}} \cdot 100 = \frac{30 + 40}{100} \cdot 100 = 70\%$$

$$3.\,\text{Grades} = \frac{(\text{ZM}) + \text{kurzfristige Forderungen} + \text{Vorräte}}{\text{kurzfristige Verbindlichkeiten}} \cdot 100$$

$$= \frac{30 + 40 + 50}{100} \cdot 100 = 120\%$$

b. Was besagt die Liquidität 3. Grades?

Eine Liquidität 3. Grades von 120% sagt aus, dass die kurzfristigen Verbindlichkeiten zu 120% durch Zahlungsmittel und kurzfristige liquidierbare Vermögensgegenstände (kurzfristige Forderungen und Warenvorräte) gedeckt sind. Aus der zeitpunktbezogenen Liquiditätsanalyse lassen sich aber keine tragfähigen Rückschlüsse auf die (zeitraumbezogene) künftige Zahlungsfähigkeit ziehen.

Dr. Uwe Kehrel
Institut für betriebswirtschaftliches Management
im Fachbereich Chemie und Pharmazie

c. Die Firma SOLVENZ muss gleich zu Beginn der Periode 02 damit rechnen, dass

- Löhne in Höhe von 25 TEUR zu zahlen sind und
- 20% der langfristigen Darlehensverbindlichkeiten zur Rückzahlung fällig werden.

„Sichert unter diesen Bedingungen eine Liquidität 3. Grades in Höhe von 120% die Zahlungsfähigkeit der Firma SOLVENZ in Periode 02?"

Im vorliegenden Fall sind zwar die zum 31.12.11 ausgewiesenen kurzfristigen Verbindlichkeiten zu 120% durch Liquidität (3.Grades) gedeckt. Berücksichtigt man aber, dass neben den kurzfristigen Verbindlichkeiten von 100 schon in naher Zukunft weitere Auszahlungen von 25 (Löhne) bzw. 30 (Kredittilgung) fällig werden, steht dem Liquiditätspotential von 120 ein Auszahlungsvolumen von 155 gegenüber. Damit ist die künftige Zahlungsfähigkeit gefährdet.

5.6   „Welche Vorzüge existieren für börsenorientierte Aktien aus Anlegersicht?"

Ein Erwerb von börsennotierten Aktien bietet besonders für risikoscheue Kleinanleger große Vorteile:

Vorzüge börsennotierter Aktien
1. Geringer Mindestkapitaleinsatz
2. Begrenzte Haftung der Aktionäre
3. Keine Leitungsverantwortung der Aktionäre
4. Hohe Fungibilität
5. Hohe Transparenz

Abbildung 12: Vorzüge börsennotierter Aktien.

Dr. Uwe Kehrel
Institut für betriebswirtschaftliches Management
im Fachbereich Chemie und Pharmazie

1. Anleger haben die Möglichkeit frei zu entscheiden, ob sie nur eine oder mehrere Aktien an der Börse erwerben möchten.

2. Das maximale Verlustrisiko des Aktionärs ist auf den Einstandspreis beschränkt.

3. Es wird keine unternehmerische Leitungskompetenz zum Erwerb benötigt.

4. Anleger haben die Möglichkeit an fünf Börsenhandelstagen pro Woche ein- oder auszusteigen.

5. Das Anlagerisiko der Aktionäre wird durch strenge Rechnungslegungsvorschriften und weitere Schutzvorschriften des Aktiengesetzes transparenter gemacht und minimiert das Risiko.

5.7   „Welche Finanzierungsform stellt für Unternehmen eine Alternative dar, wenn bereits die drei üblichen Finanzierungsquellen erschöpft sind?"

Die Mittel zur Finanzierung einer Investition können grundsätzlich aus drei verschiedenen Quellen stammen. Zum einen durch frei verfügbare, liquide Mittel, durch die Zuführung von Eigenkapital oder die Zuführung von Fremdkapital. Sind diese Finanzierungsquellen jedoch bereits erschöpft, bietet das Leasing eine attraktive Alternative.

Leasing wird definiert als mittel- bis langfristige Überlassung von Anlagegegenständen gegen Zahlung eines Nutzungsentgelts, das als Leasinggebühr bezeichnet wird.

Dr. Uwe Kehrel
Institut für betriebswirtschaftliches Management
im Fachbereich Chemie und Pharmazie

6.1 Externes Rechnungswesen

Schon am nächsten Tag treffen sich die drei wieder, diesmal in einem Café am Germania-Campus. Der Zeitdruck steigt, denn bereits in der darauffolgenden Woche ist es endlich soweit - Kristina und Alexander wollen mit ihrem neuen Unternehmen „PowerDilute GmbH" beginnen. Die Beiden sind dementsprechend schon ziemlich aufgeregt und hoffen, dass Lennart ihnen die letzten beiden Kapitel noch effektiv beibringen kann.

Lennart begrüßt sie herzlich und hat für die beiden bereits Kaffee und Kuchen bestellt: „Was ist denn mit Euch los? Ihr guckt ja ganz verängstigt!", amüsiert sich Lennart. „Ja, auf der einen Seite freuen wir uns unglaublich, dass es endlich mit „PowerDilute" losgeht, aber auf der anderen Seite haben wir auch Angst, dass etwas schiefgeht", sagt Kristina. „Genau, denn obwohl du uns schon so viel beigebracht hast, wissen wir noch nicht einmal wie das Rechnungswesen in einem Unternehmen funktioniert", ergänzt Kristina. „Und diesbezüglich gibt es doch gerade so viele rechtliche Richtlinien. Nachher vergessen wir etwas zu dokumentieren und müssen dann hohe Strafen zahlen", sorgt sich Alex. Lennart versucht seine Freunde zu beruhigen: „Jetzt mal mit der Ruhe, wir haben in dieser Woche noch genau zwei wichtige Themen vor uns, und beide haben mit dem Rechnungswesen zu tun. Ich verspreche euch – wenn ihr euch jetzt ein bisschen anstrengt und die Aufgaben ordentlich beantwortet, seid ihr nächste Woche Rechnungswesen-Experten." „Heute wollen wir uns zunächst mit dem externen Rechnungswesen beschäftigen. Dieses Thema ist eng mit dem internen Rechnungswesen verbunden, daher habe ich euch ein Organigramm mitgebracht, in dem ihr die Zusammenhänge zwischen internen und externen Rechnungswesen erkennen könnt", erklärt Lennart.

Dr. Uwe Kehrel
Institut für betriebswirtschaftliches Management
im Fachbereich Chemie und Pharmazie

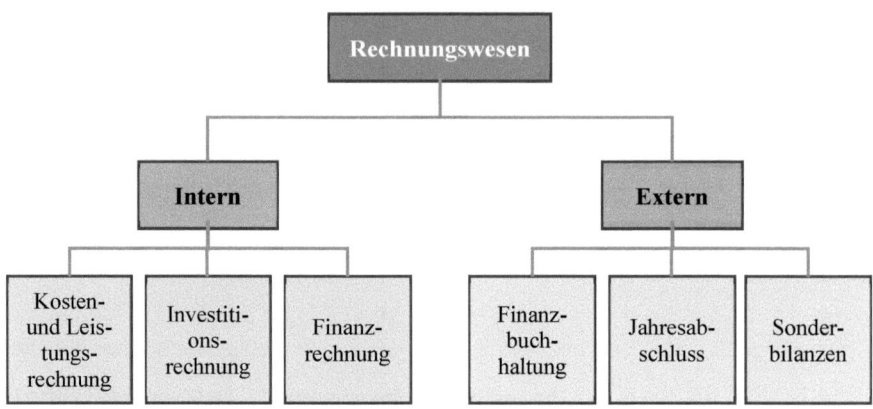

Abbildung 13: Das Rechnungswesen und seine Bestandteile.

„Außerdem habe ich euch natürlich wieder einmal Fragen vorbereitet. Lasst uns am besten gleich anfangen!"

6.1 „Was versteht man unter einem Jahresabschluss und wonach unterscheiden sich die Rechnungslegungsgrundsätze nach HGB und IFRS?"

6.2 „Welche Funktionen hat der Jahresabschluss? Nennt die Bestandteile des Jahresabschlusses und erläutert diese."

6.3 „Nennt drei Bilanzierungsprinzipien des externen Rechnungswesens und deren jeweilige Adressaten."

6.4 „Erläutert inwiefern sich das Umsatzkostenverfahren und das Gesamtkostenverfahren unterscheiden."

Dr. Uwe Kehrel
Institut für betriebswirtschaftliches Management
im Fachbereich Chemie und Pharmazie

Diese Fragen können Alexander und Kristina ohne lange Vorbereitung beantworten, daher hat Lennart noch eine etwas kompliziertere Beispielaufgabe zum Jahresabschluss vorbereitet. Könnt ihr den beiden bei der Bearbeitung helfen?

6.5 „Erstellt für die vorliegende Eröffnungsbilanz der Firma YOLO eine vorläufige Schlussbilanz und eine GuV-Rechnung unter Berücksichtigung der Geschäftsvorfälle."

Aktiva		Bilanz zum 01.01.13	Passiva	
Darlehensforderungen			Eigenkapital	170
Schuldner A	100			
Schuldner B	20	120		
Waren		100	Rückstellungen	50
Bank		80	Verbindlichkeiten	80
		300		300

Tabelle 15: Eröffnungsbilanz Firma YOLO.

Geschäftsvorfälle:

1. Kauf maschinelle Anlage für 80 für Banküberweisung → direkte Abschreibung

2. 50 % der Ware wird für 95 auf Ziel verkauft.

3. Schuldner B geht Insolvenz. Die Insolvenzquote beträgt 10 %. Der Insolvenzverwalter überweist 2.

4. Schuldner A überweist nach schriftlicher Mahnung Darlehenszinsen in Höhe von 6.

Dr. Uwe Kehrel
Institut für betriebswirtschaftliches Management
im Fachbereich Chemie und Pharmazie

5. Unerwarteterweise gewinnen wir einen Rechtsstreit, für den wir eine Rückstellung von 10 gebildet haben.

6. Ein Teil der Ware wird wegen Farbänderungen unverkäuflich. Schaden in Höhe von 12. Der Warenbestand laut der Inventur beziffert sich auf 38.

Dr. Uwe Kehrel
Institut für betriebswirtschaftliches Management
im Fachbereich Chemie und Pharmazie

6.2 Lösung zum Thema Externes Rechnungswesen

Da die drei sofort zum nächsten Kapitel übergehen wollen, sind die Fragen schnell abgearbeitet. Im Folgenden findet ihr ihre Ergebnisse:

6.1 „Was versteht man unter einem Jahresabschluss und wonach unterscheiden sich die Rechnungslegungsgrundsätze nach HGB und IFRS?"

Ein Jahresabschluss erfüllt die Funktion, die wirtschaftlichen Vorgänge eines Unternehmens in einem Zahlenwerk zu dokumentieren. Gemäß den handelsrechtlichen Vorgaben (HGB) ist jeder Gewerbetreibender (abgesehen von Kleinbetrieben) dazu verpflichtet Bücher zu führen und einen Jahresabschluss zu erstellen.

Jedes Land hat dabei unterschiedliche nationale Rechtsnormen auf denen der Jahresabschluss beruht. Um eine Vergleichbarkeit auf dem internationalen Finanzmarkt zu schaffen, wurden von dem internationalen privaten Rechnungslegungsinstitut (IASB) zusätzlich zu den nationalen Regeln *International Financial Reporting Standards(IFRS)* entwickelt.

Dr. Uwe Kehrel
Institut für betriebswirtschaftliches Management
im Fachbereich Chemie und Pharmazie

6.2 „Welche Funktionen hat der Jahresabschluss? Nennt die Bestandteile des Jahresabschlusses und erläutert diese."

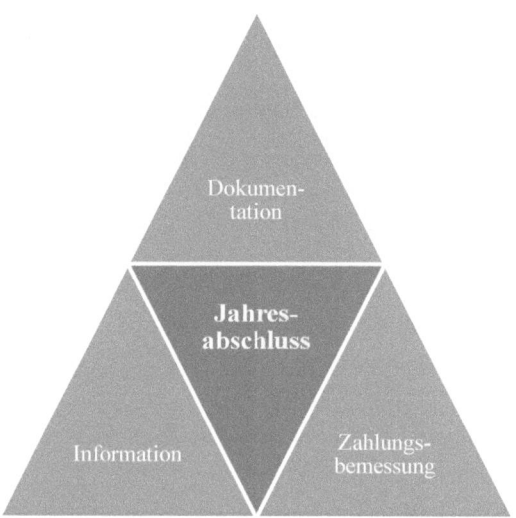

Abbildung 14: Die drei Funktionen des Jahresabschlusses.

Der handelsrechtliche Jahresabschluss besteht mindestens aus der Bilanz und der GuV (Gewinn- und Verlustrechnung) zusammen. Großunternehmen (wie beispielsweise AGs) müssen zusätzlich noch einen Anhang und einen Lagebericht erstellen. Darüber hinaus sind sie verpflichtet ihre Daten zu prüfen und offenzulegen.

Dr. Uwe Kehrel
Institut für betriebswirtschaftliches Management
im Fachbereich Chemie und Pharmazie

Bestandteil der Jahresabschlusses	Funktion
Bilanz	Gegenüberstellung von Vermögen (Aktiva) und Schulden (Passiva)
Gewinn- und Verlustrechnung (GuV)	Gegenüberstellung von Erträgen und Aufwendungen
Anhang	Erläuterung von Positionen aus der Bilanz und GuV sowie weitere Informationen

Tabelle 16: Die Bestandteile des Jahresabschlusses und ihre Funktionen.

6.3   „Nennt drei Bilanzierungsprinzipien des externen Rechnungswesens und deren jeweilige Adressaten."

Allgemein sind die Adressaten des externen Rechnungswesens die Fremdkapitalgeber, die Eigenkapitalgeber, Lieferanten, Mitarbeiter, Kunden und der Staat.

Prinzip	Adressat
Vorsichtsprinzip	Gläubiger
True and fair view	Kleinaktionäre
Prinzip der periodengerechten Gewinnermittlung	Finanzverwaltung

Tabelle 17: Die drei Bilanzierungsprinzipien.

Dr. Uwe Kehrel
Institut für betriebswirtschaftliches Management
im Fachbereich Chemie und Pharmazie

6.4　Erstellt für die vorliegende Eröffnungsbilanz der Firma YOLO eine vorläufige Schlussbilanz und eine GuV-Rechnung unter Berücksichtigung der Geschäftsvorfälle.

Aktiva		Bilanz zum 01.01.13	Passiva
Darlehensforderungen		Eigenkapital	170
Schuldner A	100		
Schuldner B	20	120	
Waren		100	Rückstellungen	50
Bank		80	Verbindlichkeiten	80
		300	**300**

Tabelle 18: Eröffnungsbilanz Firma YOLO.

Geschäftsvorfälle:

1. Kauf maschinelle Anlage für 80 für Banküberweisung → direkte Abschreibung

2. 50 % der Ware wird für 95 auf Ziel verkauft.

3. Schuldner B geht Insolvenz. Die Insolvenzquote beträgt 10 %. Der Insolvenzverwalter überweist 2.

4. Schuldner A überweist nach schriftlicher Mahnung Darlehenszinsen in Höhe von 6.

5. Unerwarteterweise gewinnen wir einen Rechtsstreit, für den wir eine Rückstellung von 10 gebildet haben.

6. Ein Teil der Ware wird wegen Farbänderungen unverkäuflich. Schaden in Höhe von 12. Der Warenbestand laut der Inventur beziffert sich auf 38.

Dr. Uwe Kehrel
Institut für betriebswirtschaftliches Management
im Fachbereich Chemie und Pharmazie

Soll	Vorläufige GuV Rechnung 01		Haben
Wareneinsatz	50	Umsatzerlöse	95
Abschreibungen	20	Zinsertrag	6
Sonstiger		Sonstiger betrieblicher	10
betrieblicher		Ertrag	
Aufwand	30		
Gewinn	**11**		
	111		**111**

	Vorläufige Bilanz zum		
Aktiva	**31.12.13**		**Passiva**
Maschinelle Anlagen	60	**Eigenkapital**	**181**
Darlehensforderun-	100	Rückstellungen	40
gen			
Waren	38	Verbindlichkeiten	80
Forderungen aus Lie-	95		
ferungen & Leistun-			
gen			
Bank	8		
	301		**301**

Tabelle 19: Schlussbilanz und GuV der Firma YOLO

Dr. Uwe Kehrel
Institut für betriebswirtschaftliches Management
im Fachbereich Chemie und Pharmazie

6.5   „Erläutert inwiefern sich das Umsatzkostenverfahren und das Gesamtkostenver-

fahren unterscheiden.“

In der GuV wird der Jahreserfolg grundsätzlich aus einer Gegenüberstellung von Ertrag und Aufwand ermittelt. Beim Gesamtkostenverfahren (GKV) wird das Betriebsergebnis auf Basis der Jahresproduktionsmenge x_p ermittelt. Dabei wird der Gesamtaufwand x_p von der Summe der Umsatzerlöse x_a und der Bestandserhöhung (x_p-x_a)
abgezogen.

Der Gesamtaufwand x_p kann dabei in Materialaufwand, Personalaufwand und Ab-
schreibungsaufwand unterteilt werden.

Bei dem Umsatzkostenverfahren (UKV) wird das Betriebsergebnis dagegen auf Basis
der abgesetzten Menge x_a bestimmt. Hier werden nur die durch die Produktion verursachten Kosten und die entstandenen Verwaltungs- und Vertriebskosten von den Um-
satzerlösen subtrahiert.

Dr. Uwe Kehrel
Institut für betriebswirtschaftliches Management
im Fachbereich Chemie und Pharmazie

7.1 Internes Rechnungswesen

Im Café am Germania-Campus sitzen immer noch Kristina Merck und Alexander Beiersdorf mit ihrem Freund Lennart und haben gerade die Fragen zum externen Rechnungswesen beantwortet. Um sie herum kommen und gehen die anderen Kunden, doch davon lassen sie sich nicht beeindrucken. Sie sind voll und ganz in der Thematik vertieft und wollen sofort im Anschluss mit dem internen Rechnungswesen – dem letzten Kapitel ihrer Einführung in die Betriebswirtschaft - beginnen.

Lennart holt tief Luft: „Jetzt sind wir auf der Zielgeraden und ich habe nicht mehr viele Fragen für euch. Bald seid ihr perfekt vorbereitet für euren Start ins Geschäftsleben!" Obwohl sich Lennart und Kristina schon sehr freuen, das Gelernte endlich in die Tat umsetzten zu können, schwingt dennoch etwas Wehmut mit. In den letzten Wochen hatten sie sich so an die Treffen mit Lennart gewöhnt und immer eine lehrreiche aber zugleich auch unterhaltsame gemeinsame Zeit gehabt. „Macht euch keine Gedanken. Nur weil wir jetzt alle grundlegenden Themen durchgesprochen haben, heißt das ja nicht, dass wir uns nicht mehr sehen. Falls ihr meine Unterstützung benötigt oder mal einen kurzen Rat benötigt, seid ihr jederzeit herzlichen willkommen", sagt Lennart.

7.1 „Was sind die drei wesentliche Zwecke des betrieblichen Rechnungswesens?"

7.2 „Ordnet Auszahlungen/Einzahlungen, Ausgaben/Einnahmen, Aufwand/Ertrag und Kosten/Erlöse richtig zu:"

Dr. Uwe Kehrel
Institut für betriebswirtschaftliches Management
im Fachbereich Chemie und Pharmazie

a. Einkauf von Rohstoffen auf Ziel. Die Rohstoffe werden eingelagert.

b. In der Folgeperiode werden die eingelagerten Rohstoffe verbraucht.

c. Aufnahme eines Bankkredits. Der Auszahlungsbetrag wird dem Girokonto gut-geschrieben.

d. Eine nichtbetriebsnotwendige Beteiligung wird mit Gewinn veräußert.

e. Der Vorrat an Dieselkraftstoff zum Antrieb einer Maschine hat um 1.000 Liter abgenommen.

f. Begleichung einer Lieferantenverbindlichkeit in bar.

g. Fertigfabrikate, die in der Vorperiode zu Herstellungskosten (100) aktiviert wurden, werden (für interne Zwecke) auf 180 aufgewertet.

h. Verkauf von Waren bar.

i. Eine Werkhalle wird durch Feuerschaden total zerstört. Wegen grober Fahrläs-sigkeit leistet die Versicherung keinen Ersatz.

j. Einkauf von Rohstoffen auf Ziel.

k. Eine überzählige Maschine wird zum Buchwert auf Ziel verkauft.

l. Eine in der Bilanz abgeschriebene Maschine kann weiter genutzt werden und wird kalkulatorisch abgeschrieben.

m. Bareinkauf von Waren.

n. Einem Mitarbeiter wird ein Baudarlehen gewährt.

o. Erhöhung des Bestandes an Fertigfabrikaten.

p. Wertzuschreibung einer maschinellen Anlage, die in der Vorperiode außer-planmäßig abgeschrieben worden war.

q. Warenverkauf auf Ziel.

r. Erhalt einer Reparaturrechnung im Dezember; Die Rechnung soll im neuen Jahr bezahlt werden.

Dr. Uwe Kehrel
Institut für betriebswirtschaftliches Management
im Fachbereich Chemie und Pharmazie

7.3 „Erläutert bitte die Zurechnungsprinzipien des internen Rechnungswesens".

7.4 „Was ist unter dem Begriff „Abschreibungen" zu verstehen? Nennt mögliche Ursachen für Abschreibungen."

7.5 Beispielaufgabe Abschreibungsplan

Für einen Spektrometer liegen folgende Angaben vor:

Anschaffungswert (A): 140.000 €

Restbuchwert (RBW): 25.000 €

Nutzungsdauer (N): 8 Jahre

Geschätzte Gesamtleistung (B): 173.200 Proben

Geometrisch degressive Afa: 20 %

N	1	2	3	4	5	6	7	8
Proben	5.200	23.000	12.000	18.000	47.000	15.000	31.000	22.000

Tabelle 20: Daten zur leistungsabhängigen Abschreibungsmethode.

„Ermittelt einen Abschreibungsplan bei Anwendung der linearen Abschreibung, der geometrisch degressiven Abschreibung und der leistungsabhängigen Abschreibung."

Dr. Uwe Kehrel
Institut für betriebswirtschaftliches Management
im Fachbereich Chemie und Pharmazie

7.6   Beispielaufgabe Deckungsbeitrag

Für die sechs Produkte der KUNSTSTOFF KG gelten vor Verrechnung der Kühlwasserkosten folgende Daten:

Produktart	I	II	III	IV	V	VI
geplante Mengeneinheiten Stück/Periode	20.000	35.000	7.500	16.000	26.000	2.000
geplante Verkaufspreise €/Stück	8	10	24	12	18	20
variable Kosten €/Stück	6	9	14	10	12	8

Tabelle 21: Angaben Deckungsbeitrag

Die Fixkosten werden auf 236.000 € veranschlagt.

„Erstellt das Abrechnungsschema der Deckungsbeitragsrechnung. Wie hoch ist der Periodenerfolg?"

Da sie doch länger gebraucht haben als erwartet und Lennart noch eine Verabredung hat, schlägt er vor, dass die beiden die letzten Aufgaben zu Hause lösen und er ihnen die Antworten per E-Mail schickt. „Ich wünsche euch beiden alles Gute für eure Zukunft im Geschäftsleben! Und falls ich mal Lust verspüren sollte eine Verdünnungsreihe anzusetzen, werde ich auf jeden Fall auf euer „PowerDilute X" zurückgreifen", verspricht Lennart mit einem Augenzwinkern. „Und wenn wir irgendwann am DAX gelistet sind, dann kommst du zu uns in die Unternehmensstrategie!", erwidert Kristi-

Dr. Uwe Kehrel
Institut für betriebswirtschaftliches Management
im Fachbereich Chemie und Pharmazie

na. Alle drei lachen und verabschieden sich herzlich. „Bis bald, es war eine schöne Zeit mit euch!" ruft Lennart und radelt davon.

Dr. Uwe Kehrel
Institut für betriebswirtschaftliches Management
im Fachbereich Chemie und Pharmazie

7.2 Lösung zum Thema Internes Rechnungswesen

Wie versprochen schickt Lennart den Beiden am nächsten Tag eine E-Mail mit den Lösungen zu den Aufgaben:

7.1 „Was sind die Zwecke des betrieblichen Rechnungswesens?"

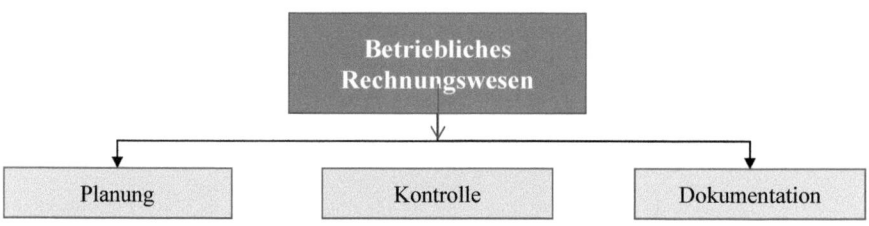

Abbildung 15: Zwecke betriebliches Rechnungswesen

Das betriebliche Rechnungswesen dient zur **Planung**, d.h. der Bewertung von betrieblichen Handlungsalternativen im Sinne der Kosten-Nutzen-Analyse. Da das Wirtschaftlichkeitsprinzip verwirklicht werden soll, dient es darüber hinaus zur **Kontrolle** der betrieblichen Abläufe, beispielsweise durch den Soll-Ist-Vergleich von geplanten und tatsächlichen Kosten. Die dritte Aufgabe des betrieblichen Rechnungswesens ist die **Dokumentation**. Unternehmen sind aufgrund von gesetzlichen Vorschriften dazu verpflichtet, handels- und steuerrechtliche Abschlüsse zu erstellen.

Dr. Uwe Kehrel
Institut für betriebswirtschaftliches Management
im Fachbereich Chemie und Pharmazie

7.2 „Ordnet Auszahlungen/Einzahlungen, Ausgaben/Einnahmen, Aufwand/Ertrag und Kosten/Erlöse richtig zu."

Als Einzahlungen bezeichnet man den Zugang liquider Mittel (Bargeld und Sichtguthaben), als Auszahlung den Abgang liquider Mittel pro Periode. Eine Ausgabe ist die Verminderung des Nettogeldvermögens bzw. Wert aller zugegangenen Güter und Dienstleistungen pro Periode. Dementsprechend ist eine Einnahme die Zunahme des Nettogeldvermögens bzw. Wert aller *veräußerten* Güter und Dienstleistungen pro Periode.

Aufwand ist der Wert aller *verbrauchten* Güter und Dienstleistungen pro Periode und Ertrag der Wert aller *erbrachten* Leistungen pro Periode.

Die Kosten bezeichnen den Wert aller *verbrauchten* Güter und Dienstleistungen pro Periode für die Erstellung der typischen betrieblichen Leistungen

a. Einkauf von Rohstoffen auf Ziel. Die Rohstoffe werden eingelagert.

➔ Ausgaben

b. In der Folgeperiode werden die eingelagerten Rohstoffe verbraucht.

➔ Aufwand

c. Aufnahme eines Bankkredits. Der Auszahlungsbetrag wird dem Girokonto gutgeschrieben.

➔ Einzahlungen

d. Eine nichtbetriebsnotwendige Beteiligung wird mit Gewinn veräußert.

➔ Ertrag

e. Der Vorrat an Dieselkraftstoff zum Antrieb einer Maschine hat um 1.000 Liter abgenommen.

➔ Aufwand und Kosten

Dr. Uwe Kehrel
Institut für betriebswirtschaftliches Management
im Fachbereich Chemie und Pharmazie

f. Begleichung einer Lieferantenverbindlichkeit in bar.

   ➜ Auszahlung

g. Fertigfabrikate, die in der Vorperiode zu Herstellungskosten (100) aktiviert wurden, werden (für interne Zwecke) auf 180 aufgewertet.

   ➜ Erlöse

h. Verkauf von Waren bar.

   ➜ Einzahlungen und Einnahmen

i. Eine Werkhalle wird durch Feuerschaden total zerstört. Wegen grober Fahrlässigkeit leistet die Versicherung keinen Ersatz.

   ➜ Aufwand

j. Einkauf von Rohstoffen auf Ziel.

   ➜ Ausgaben

k. Eine überzählige Maschine wird zum Buchwert auf Ziel verkauft.

   ➜ Einnahmen

l. Eine in der Bilanz abgeschriebene Maschine kann weiter genutzt werden und wird kalkulatorisch abgeschrieben.

   ➜ Kosten

m. Bareinkauf von Waren.

   ➜ Auszahlungen und Ausgaben

n. Einem Mitarbeiter wird ein Baudarlehen gewährt.

   ➜ Einnahmen

o. Erhöhung des Bestandes an Fertigfabrikaten.

   ➜ Ertrag und Erlöse

p. Wertzuschreibung einer maschinellen Anlage, die in der Vorperiode außerplanmäßig abgeschrieben worden war.

   ➜ Ertrag

Dr. Uwe Kehrel
Institut für betriebswirtschaftliches Management
im Fachbereich Chemie und Pharmazie

q. Warenverkauf auf Ziel.

→ Einnahmen und Ertrag

r. Erhalt einer Reparaturrechnung im Dezember; Die Rechnung soll im neuen Jahr

bezahlt werden.

→ Ausgaben und Aufwand

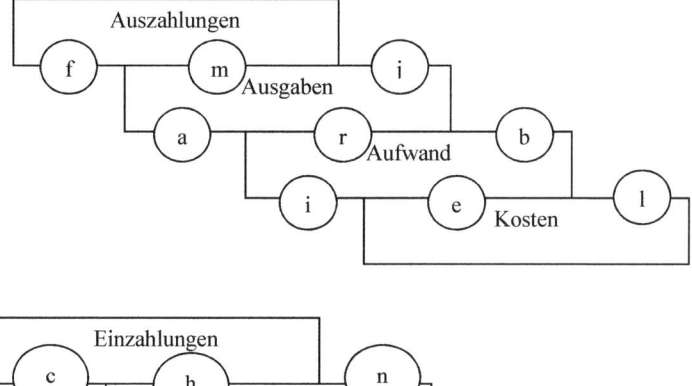

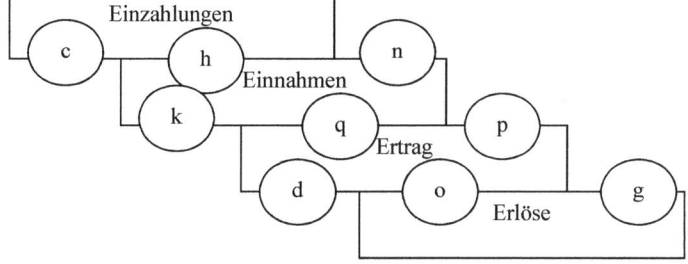

Abbildung 16: Einordnung der Beispiele in die Begrifflichkeiten des be-

trieblichen Rechnungswesens.

Dr. Uwe Kehrel
Institut für betriebswirtschaftliches Management
im Fachbereich Chemie und Pharmazie

7.3 „Erläutert bitte die Zurechnungsprinzipien des internen Rechnungswesens."

Bei den Kostenrechnungsprinzipien muss zunächst zwischen den entscheidungstheoretisch fundierten Prinzipen und dem praxisorientierten Hilfsprinzipien unterschieden werden. Bei dem Verursachungsprinzip werden die Kosten der Leistungserstellung dem Bezugsobjekt zugerechnet, das die Kosten verursacht hat.

Bei dem Durchschnittsprinzip werden die Kosten proportional mit Hilfe von bestimmten Bezugsgrößen auf verschiedene Bezugsobjekte verteilt.

7.4 „Was ist unter dem Begriff „Abschreibungen" zu verstehen und welche verschiedenen Verfahren der planmäßigen Abschreibung kennt ihr?"

Unter „Abschreibungen" sind planmäßiger oder außerplanmäßige Wertminderungen eines Vermögengegenstanden eines Unternehmens zu verstehen. Die Abschreibung bezieht sich dabei auf den Wertverlust des Unternehmensvermögen (Anlage- oder auch Umlaufvermögen) in einem bestimmten Zeitraum. Mögliche Ursachen liegen im Verbrauchsverschleiß oder sind technischen, rechtlichen oder wirtschaftlichen Ursprungs. Außerdem kann es zu Ausnahmesituationen kommen, in denen außerordentliche Abschreibungen notwendig werden.

Dr. Uwe Kehrel
Institut für betriebswirtschaftliches Management
im Fachbereich Chemie und Pharmazie

7.5   Beispielaufgabe Abschreibungsplan

I.   Abschreibungsplan nach der linearen Methode:

Anschaffungswert A – Restwert = 115.000 €

Jährlicher Abschreibungsbetrag = 115.000 €/8 Jahre= 14.375 €/Jahr

Vorteil:

- Verrechnung gleichbleibenden Periodenaufwands

II.   Abschreibungsplan nach der leistungsbezogenen Methode:

Anschaffungswert A – Restwert = 115.000 €

115.000 €/173.200 Proben ≈ 0,66 €/Probe

Jährlicher Abschreibungsbetrag = 0,66 € · Probenzahl(N)

N	1	2	3	4	5	6	7	8
Abschreibungsbetrag [€]	3.432	15.180	7.920	11.880	31.020	9.900	20.460	14.520

Tabelle 22: Leistungsabhängige Abschreibungsbeträge.

Nachteil:

- Erwartete Gesamtkapazität nur schwer einschätzbar
- Keine Erfassung von zeitabhängigen Verschleiß

Dr. Uwe Kehrel
Institut für betriebswirtschaftliches Management
im Fachbereich Chemie und Pharmazie

III. Geometrisch-degressive Abschreibung

Anschaffungswert (A) – RBW = 115.000

115.000 x 0.2 = 23.000

N	1	2	3	4	5	6	7	8
Abschreibungsbetrag [€]	23.000	18.400	14.720	11.776	9.420,8	7.536,64	6.029,31	4.823,45
RBW	92.000	73.600	58.880	47.104	37.683,2	30.146,56	24.117,25	19.293,8

Tabelle 23: Geometrisch-degressive Abschreibung.

Wie die Praxiserfahrung zeigt, nimmt der Zeitwert eines Anlagegutes in den ersten Perioden nach der Anschaffung drastisch ab. Die degressive Abschreibungsform entspricht dieser Beobachtung am ehesten. Dabei ist der abzuschreibende Prozentsatz so zu wählen, dass er dem Wertverlust am besten entspricht. Allerdings ist bei der degressiv-geometrischen Abschreibung keine vollständige Abschreibung bis auf null möglich. Daher erfolgt in den meisten Fällen ein Wechsel zu der linearen Abschreibung.

Dr. Uwe Kehrel
Institut für betriebswirtschaftliches Management
im Fachbereich Chemie und Pharmazie

7.6 Beispielaufgabe Deckungsbeitrag

Für Mehrproduktunternehmen gilt:

$$E = \sum_{i=1}^{n} x_i \cdot (p_i - k_{v_i}) - K_f = \sum_{i=1}^{n} x_i \cdot d_i - K_f$$

E = Periodenerfolg

x_i = abgesetzte Menge von Produkt i in der Bezugsperiode

p_i = Absatzpreis pro Einheit von Produkt i

d_i = Deckungsbeitrag von Produkt i

K_{vi} = variable Stückkosten von Produkt i in der Bezugsperiode

K_f = fixe Kosten der Bezugsperiode

Dr. Uwe Kehrel
Institut für betriebswirtschaftliches Management
im Fachbereich Chemie und Pharmazie

Produktart	I	II	III	IV	V	VI
(1) Preis €/Stück	8	10	24	12	18	20
(2) variable Kosten €/Stück	6	9	14	10	12	8
(3) Deckungsbeitrag €/Stück [(1)-(2)]	2	1	10	2	6	12
(4) Menge Stück/Periode	20.000	35.000	7.500	16.000	26.000	2.000
(5) DB €/Sorte [(3)*(4)]	40.000	35.000	75.000	32.000	156.000	24.000
(6) Fixkosten €/Periode	236.000					
(7) Erfolg €/Periode [(5)-(6)]	126.000					

Tabelle 24: Deckungsbeitragsrechnung.

Dr. Uwe Kehrel
Institut für betriebswirtschaftliches Management
im Fachbereich Chemie und Pharmazie

8 Literaturhinweise

<u>Grundlagenliteratur:</u>

Wöhe,G.: Einführung in die Allgemeine Betriebswirtschaftslehre, 25. Auflage, 2013.

Wöhe,G.; Kaiser, H.; Döring, Ulrich: Übungsbuch zur Allgemeinen Betriebswirtschaftslehre, 14. Auflage, 2013.

Thommen, J.-P; Achleitner, A.-K.: Allgemeine Betriebswirtschaftslehre: Umfassende Einführung aus managementorientierter Sicht, 7. Auflage, 2012.

<u>1. Gegenstand der BWL und Unternehmensführung:</u>

Macharzina, K., Wolf, J.: Unternehmensführung, 7.Auflage, Wiesbaden 2010.

<u>2. Produktion</u>

Adam, D.: Produktions-Management, 9.Auflage, 2013.

<u>3. Absatz</u>

Meffert, H.; Burmann, C.; Kirchgeorg, M.: Marketing. Grundlagen marktorientierter Unternehmensführung, 11. Auflage 2012.

Bruhn, M.: Marketing. Grundlagen für Studium und Praxis, 11. Auflage 2012.

<u>4. Investition</u>

Blohm, H.; Lüder, K; Schaefer, C.: Investition Schwachstellenanalyse des Investitionsbereichs und Investitiosrechnung, 10. Auflage 2012.

Dr. Uwe Kehrel
Institut für betriebswirtschaftliches Management
im Fachbereich Chemie und Pharmazie

5. Finanzierung:

Perridon, L., Steiner, M.; Rathgeber, A.: Finanzwirtschaft der Unternehmen, 16. Auflage 2012.

6. Externes Rechnungswesen:

Coenenberg, A.; Haller, A.; Schultze, W.: Jahresabschluss und Jahresabschlussanalyse, 23. Auflage 2014.

7. Internes Rechnungswegen:

Coenenberg, A.; Fischer, T.; Günther, T.: Kostenrechnung und Kostenanalyse, 8. Auflage 2012.